U0085437

人文叢書 社會類

台灣技職人的奮鬥故事

吳　京　主持
紀麗君　採訪
尤能傑　攝影

國家圖書館出版品預行編目資料

台灣技職人的奮鬥故事／吳京主持;紀麗君採訪;尤能傑攝影.－－初版四刷.－－臺北市: 三民, 2013
面; 公分.－－(人文叢書.社會類3)

ISBN 978-957-14-4518-2 (平裝)

1.中國 — 傳記 — 訪談錄

782.186 95006422

© 台灣技職人的奮鬥故事

主　　持	吳　京
採　　訪	紀麗君
攝　　影	尤能傑
發 行 人	劉振強
著作財產權人	三民書局股份有限公司
發 行 所	三民書局股份有限公司
	地址　臺北市復興北路386號
	電話　(02)25006600
	郵撥帳號　0009998-5
門 市 部	(復北店) 臺北市復興北路386號
	(重南店) 臺北市重慶南路一段61號
出版日期	初版一刷　2006年7月
	初版四刷　2013年5月
編　　號	S 782230

行政院新聞局登記證局版臺業字第〇二〇〇號

ISBN 978-957-14-4518-2 (平裝)

http://www.sanmin.com.tw 三民網路書店

推薦序一

前任教育部部長吳京先生於日前來信，說他剛完成《台灣技職人的奮鬥故事》一書，將由三民書局出版，請我作序。吳京先生於民國八十三年經母校成功大學遴選，返國擔任校長後不久，我們就很有機緣的相互認識；隨後他轉任教育部長，接觸更多。吳京先生對於技職教育的高度重視及關心，留給我非常深刻的印象，在這一點上，我們可以說是所見略同。也因此，即使到後來他離開了教育部，我們還是保持著聯繫。

但在前一段時間裡，一直沒有來自吳京先生的音訊，原來他在去年十一月初，要赴美作一系列演講及工作的前夕，竟發現罹患壺腹癌腫瘤。手術切除後，原計畫於今年二月初啟程展開前述工作計畫，卻發現腫瘤已局部轉移，又再次動手術切除，現在作預防性化療中。換言之，吳京先生目前是動過兩次大刀，還在療養復原的階段，就奮不顧身，急切地為了出書之事特地來函囑託，感動之餘唯有恭敬從命。

《台灣技職人的奮鬥故事》一書中有十九位技職出身的主人翁，他們在各種不同的事業領域內，或者經由苦幹實幹，因而能夠締造良好成就；或者身遭多重橫逆困頓，但憑藉著超凡的恆心、毅力，忍人所不能忍，最後突破了重重難關，並贏得眾人的尊敬；此外，也有迷失的浪子，眼看就要墜入

萬劫不復的痛苦深淵，幸而能夠及時悔悟，重新做人，並且加倍認真努力，以補前愆，最終開創出一番事業。凡此種種，都可以做為時下年輕人的學習典範。我相信，本書因為受限於篇幅，只能介紹區區十九位具代表性的技職人故事，事實上，成功的技職人不但所在多有，而且為數頗眾，他們對於國家經濟發展所作出的實質貢獻更是極為可觀。

俗話說：「行行出狀元。」這句話我認為應該具有如下雙重的含意在內：其一，無論是從事哪一種行業，只要認真努力，並且持之以恆，總是能做出良好成績，甚至居於領先地位的；其二，社會的發展需要大家分工合作，每一種行業都是不可或缺，所以職業無分貴賤，只要做出好成績，居於同業之冠，他就是「狀元」。各行各業都有「狀元」，每一種行業的「狀元」都是不分軒輊，同樣可貴。

任何一個社會，都必須具有多元的價值觀，才能鼓勵各種不同性向及專長的人，在不同的工作領域內努力打拚。而無論是從事於士農工商的哪一種行業，當他們在工作上擁有良好的績效和成就時，也都會得到社會大眾普遍的肯定和尊敬。唯有如此，才能達成「人盡其才」的理想目標，促使整體的人力資源發揮最大效用，進而也才能塑造出健全的進步社會。

準此以觀，則無論是技職教育或是普通教育，都應該具有相同重要的功能，本來並不需要刻意去強調或者凸顯技職教育的重要性，問題是傳統封建社會中那種「萬般皆下品，唯有讀書高」的士大夫觀念，還是深植人心。影響所及，常使大家無視於個人的性向及專長差異，全一窩蜂地想盡辦法要擠入一般大學，結果也就造成許多學非所用，以及人浮於事的浪費情形。而在價值觀偏差的現今社會中，因技職教育仍然或多或少受到歧視，難免會壓抑教師及學生主動投入的興趣和熱忱，進而影響到技職教育的實質成效，產業發展也將因技職人才的質量問題而受到限制，最終不利於整體經濟。

因其如此，所以吳京先生以他享譽先進國家的崇高學術成就和地位，在離開教育部長職務多年以後的今天，仍然念茲在茲於技職教育的健全發展，為此而降貴紆尊，在廣大的技職院校畢業生中尋尋覓覓，不辭勞苦親訪十九位具代表性的人物，記錄他們努力奮鬥的成功故事，並且編輯成書，將之呈現於國人眼前。這樣的用心和熱忱，都是十分感人的。我們也殷切期盼，經由本書的出版，可以感動更多人，讓他們有所省思、有所啟發，並且不盲從隨流，堅持正確的方向，「走自己的路」。此不僅有益於個人，也利於社會和國家的發展。

是為序。

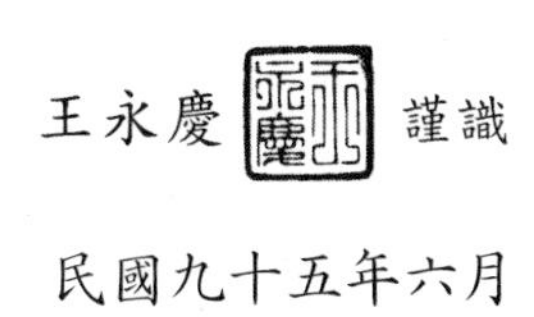
王永慶　謹識

民國九十五年六月

推薦序二

統一企業董事長

高清愿

民國83年至90年，我擔任全國工業總會理事長。民國88年，我接任南台科技大學董事長。此期間與教育部前部長吳京博士有不少接觸的機會，也從一些企業界與學術界的朋友們口中，進一步了解吳前部長致力於提升台灣技職教育的尊嚴，對台灣技職教育始終不減的關懷與努力。吳前部長肯定「技職人」對台灣經濟奇蹟的貢獻，並完成了《台灣技職人的奮鬥故事》一書。書中描述了十九位「技職人」奮鬥成功的故事。他們現身說法的奮鬥經驗，可以為技職教育體制、技職學生以及社會上無以計數默默耕耘的技職人提供不少鼓勵。我有幸先睹為快，心中感到萬分的欽佩。

教育部前部長吳京博士是一位國際知名的學者和教育家，民國85年至87年擔任教育部長期間，致力於台灣教育的改革，並提出「三條教育國道」的政策。尤其是為因應台灣成為亞太營運中心，而推行從國中、高職（綜合高中）、專科，到技術學院、科技大學的第二條教育國道，以及積極落實證照制度，培養高素質的專業技術人才之各項施政措施，為技職教育開創一片璀璨遠景的作法，除了廣泛受到技職師生的喝采之外，亦使技職教育逐漸成為學生及工商企業界的最愛。

2006 年 4 月份的《Cheers》雜誌中，曾刊載一篇〈2006 年 1000 大企業人才策略與最愛大學生調查〉，在企業最愛的 15 所私立大學畢業生中，技職校院即占有 2 所（明志與南台科技大學），由此可知技職學生受到社會各界肯定的程度，正不斷地向上提升。

過去數十年來，技職教育受到忽略，經由技職教育所培育的人才往往被稱為「黑手」，在社會上沒有受到應有的重視，成為吳前部長口中「被放棄」的大多數，這可說是台灣社會只重視文憑，輕視實務能力的觀念所造成。其實，技職教育所訓練出來的人才，在工作實務上具有相對的優勢與能力，常常是職場上迫切需要的人力資源。

歐盟委員會曾提出教育白皮書「成長、競爭、就業」。其中特別指出，教育與訓練深深影響國家競爭力和國民就業能力。教育的終極目標，也在幫助人民獨立自主及擁有就業能力。德國的職業技能教育，讓懵懂的小孩經過學徒的訓練，變成專精的技職人才，進而對國家建設的發展提供相當大的貢獻，即是技職教育推展成功最好的見證。再以統一超商為例，教育訓練、實戰經驗，加上升遷體制的緊密結合，成為統一超商培育幹部人才的要件。其中更是非常強調學以致

用、解決問題的能力。以「儲備店長」和「儲備幹部」名義進入統一超商的新進員工，都必須從門市最基層的職員做起，在門市負責最基層的工作。而許多技職教育畢業生的表現常常不遜於一般大學的畢業生。畢竟徒有文憑，並無法保證具有適切的工作能力。

因此，我覺得要找回技職教育的尊嚴，除了要打通技職人升學進修的管道之外，更要建立尊重證照的制度。選用人才及職務升遷時，能力與學歷都應該納入考慮。例如證照可以和學校入學資格相結合，學生如果擁有證照，在一些入學考試的計分中可給予優待；政府重大公共工程，應規定承包商必須採用一定比率具有職業證照的專業人員；在政府體系之內，對於擁有證照者給予某種升遷的優惠。甚至於工商企業，也可以做類似的規定，促使一般工商企業樂於採用擁有證照的技術人才，並且給予較佳的待遇。

當職業證照制度落實以後，技職人將會得到更好的待遇及職位，社會地位當然隨之提高，發展機會不但無遜於一般大學的畢業生，甚至有可能超越。一般學生及家長自然就不會一窩蜂地湧向高中及大學的教育體系。技職人不再是二等公民，技職教育的尊嚴和自信自然就找回來。

無論是國家競爭力的提升、社會的和諧凝聚、自然環境的永續發展、人民生活品質的改善和有尊嚴地成長，成功的關鍵都在於教育的發展。投資教育，就是投資未來。為迎向新世紀的台灣，我期望下一代的年輕人，人人都能適性發展、學以致用，自信地、快樂地學習、成長和生活。

我與教育部前部長吳京博士是多年好友，在辦教育方面受其指點協助甚多。他完成本書後，請我寫序，謹為之序，並期盼台灣技職教育的發展與成功能受到國人更多的重視與肯定。

推薦序三

好 點 子

前教育部部長

技職教育一直是我國教育體系中很重要的一環，早期我國農、工業的生產人力，主要就是來自技職學校。後來台灣經過半世紀經濟結構的改變，技職教育也隨著實際的需要，由高職和專科逐漸向上增設了技術學院、科技大學和研究所，形成一完整的技職教育體系，成為我國教育制度中一大特色。今天，技職教育不但在我國中小企業和服務業界扮演了重要的角色，同時也和我國高科技人才的需要結合在一起。其實，技職教育的目的非常清楚：「教學」是為了培養實用的人才，「研究」是為了解決實際的問題。

吳部長在教育部長任內，十分重視技職教育。當時，正逢教改會提出「廣設高中大學」的要求。在極大的壓力下，吳部長為了國家以及學生的需要，力挺技職教育。他到處奔走說明技職教育的重要，並指出如何提升技職教育的品質，使學生更願意參與，才是我們教改應注意的事情。

吳部長離開教育部後，仍然非常關心我國的教育發展，他常在各個場合發表他的高見，尤其不忘記勉勵青年學子。最近他更在身體不適的情況下，完成了這本令人感動的好書。書中描述了十九位技職人在逆境中奮鬥成功的故事。他們都是在十分艱難的環境中接受技職教育，學成後他們沒有好高騖遠，也沒有追求速成，而是以無比的毅力和勇氣，選擇了自己的路，建立了自己的事業。他們的成功不但令人感動，更令人振奮，相信這本書一定能給技職體系的師生們很大的鼓勵。我很希望國中、小的老師也能看到這本書，讓我們的國民教育更重視輔導工作；我們應該鼓勵學生發現自己的興趣和優點，以便他們在未來多元的社會裡積極發揮所長。不要讓任何一個學生在成長過程中被放棄，我們要讓每個國民將來都有一個成功的故事！

吳部長本著他樂觀進取的精神，完成了這本有意義的技職人故事書，這絕對是一個好「點子」。也希望吳部長早日康復，繼續為我們出「點子」，讓台灣更進步更美好。

推薦序四

平凡中的不平凡生涯

前教育部部長

鄭瑞城

承蒙吳前部長的盛意，提前分享他所編、即將出版的新書——《台灣技職人的奮鬥故事》，得以先讀為快，咀嚼書中十九位平凡人物的不平凡故事，啟迪頗深，所以略抒感言，以示薦介。

俗語說：「行行出狀元」，技職人才培育的目標的確是如此。本書對十九位「技職人」成功創業與開拓不平凡生涯的紀事，也印證了本世紀以來台灣地區技職教育的發展，無可置疑的已達成了這一教育體系預期的部分成果，培養出不計其數的專業人才，對台灣科技產業的起飛，有著重大的貢獻。本書以「奮鬥故事」為名，就表示書中人物的成功經驗是可以複製的，他們的成功並非幸運與機緣，一部分是由於個人本身的刻苦奮發，勇敢面對困頓的遭遇；另一部分則應歸功於他們當年所接受的技職教育，特別是課程實用的專科教育（十九位中有十八位畢業自公私立專科學校，一位讀技術學院）。如果台灣地區不是因為專科教育的擴展而使高等教育提早進入大眾化的階段，書中有些人物的生涯恐怕會有不同的結果。在閱讀十九篇故事的同時，細心的讀者可能也注意到了，其中十五位係從私立院校畢業，而他們所就讀的母校在當時的社會聲望排行榜中並不太高。這一項小發現對一般強調菁英教育的學者名流來說，也許提供了另一個角度來省思——「一流」大學固然在當前全球化人才競爭的情勢中不可或缺，但是要百業興盛、人盡其才，其他類型的高等教育學府同樣需要政府的重視與扶持。

讀完本書，令人對主編吳京部長的慧眼與苦心相當感動。十年前在教育部任內，吳部長是強調技職教育一貫體制並促成技術學院與科技大學升格改制的推手；十年後在負荷繁重的教學研究之餘，尚不忘初衷，主動發掘這些足以啟發後進學子的動人故事，並且親自與書中每位人物交談會心，展現出「教育家」的情懷。相信不僅這十九位成功的技職人受到其精神鼓舞，他們的母校也會體認到這本書所代表的意義及長者的溫馨。

截至去年 (2005)，台灣地區已有科技大學二十九所，技術學院四十六所，專科學校自早期的高峰七十餘所減至十七所；而技職院校的碩士班、博士班也繼續在大量擴充中，這種技職教育體系的膨脹與升格改制政策，是否適合國內產業環境的需要？從整個學制系統的平衡度量，是否健全而符合資源分配的原則？學界一向有見仁見智的看法。單就專科學

校的制度而言，西歐的無學位專科教育或專門學院課程在當前強調終身學習的學校系統中仍然扮演關鍵的角色。讀完十八位專科畢業的「技職人」成功的動人故事，不禁會想到專科學校在台灣是否有「功成身退」的憂慮，在講究「關鍵能力」或「基本能力」的知識社會裡，技職院校難道也要向一般大學靠攏嗎？一個具有高競爭力的經濟體，其專業人力結構必須適度的平衡，這是大家應有的共識。誠懇地期望讀者在覽讀全書之後能思考一下如何使我們的社會更能「行行出狀元」、各適其位的課題，尤其是教育決策當局更須檢視專科教育的政策，以掌握技職教育的總體目標。

自　序

前教育部部長

八、九年前，曾經如火如荼推行的教改運動如今幾已沉寂了，僅能不時聽到誰該為教改失敗負責的聲音，全忘了教改過去的那段美好時光（譬如曾讓升高中及升大學的補習班大幅歇業）。然而，我們必須深思，我們從過去學到了什麼？就算是從失敗中吸取教訓吧！這或許也是一項寶貴的「台灣經驗」！

我在台灣做了兩任行政主管，發現這真是一個有活力的寶島——因為它是一個最容易做改革的地方！就以教育來說，人民所要看到的、抓住的，只是那一點點希望。記得我當時努力推動的「三條教育國道」政策，就是希望民眾逐漸接受多種類型的學校，以及不同的升學管道：

1. 第一條教育國道（即「普通教育」），就是傳統的小學升中學、中學升大學的升學體制，在這條路上，學生必須讀至大學以上才行，因為小學、中學不過是讀大學的預備學校罷了！
2. 第二條教育國道（即「技職教育」），則是沿著小學、國中、高職、專科、技術學院、科技大學的軌道學習，這是一條既

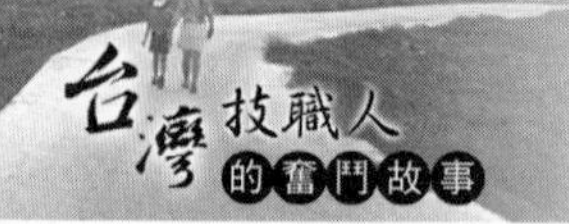

符合當今潮流，且更多元的教育國道。和普通教育不同，技職教育在每個階段都有「出口」，在出口處亦提供不同等級的證照，可供學生自由選擇。

3. 第三條教育國道（即「成人教育」），是提供已畢業工作的民眾，重新回到學校裡求學的機會。這條國道就像是人生的一個「休息站」，一般民眾在工作一段時日之後，或為了加強專業能力，或為了培養新的專長，能夠重新進入學校學習。這種「活到老，學到老」的理念，非常符合現代人的需求。

這三條「國道」建立起來，組合成一個開放、多元又完整的教育體制，學生們可在三道中擇一或交叉奔馳。這個教育政策不僅在教學上破除應試教育，孩子也能依照性向順勢發展，升學壓力自然解除，從升學補習班的紛紛歇業上就能得到證明。

的確，那是技職教育史上光輝燦爛的一頁。在「二高」還沒有通車前，全國技職院校師生、教育界同仁及民意代表，曾一起為建成第二條教育國道而跑。我至今仍忘不了離開教育部時，那次跟全國技職院校的校長極為溫馨的聚會，彼此並同以打了一場好球互勉。國立台灣科技大學更頒給我名譽博士學位，在證書上提到我任內「致力教育改革，尤以宣導三條國道之前瞻理念，不僅促成技職教育之新發展，更有助於技職教育地位之提升」，讓我好驕傲。

當時這麼做，一方面是看到今日已不再是科舉式「萬般皆下品，唯有讀書高」的封閉社會，未來將日益走向「天生我才必有用」之開放與多元的局面；另一方面是務實地就事論事，我們必須把廣大的技職生及一心向學的在職生安頓下來。

再就教育部的職責來說，一則要培育國家英才，一則要堅持為大多數人民，尤其是弱勢族群服務的理念。前者是少數所謂菁英的孩子，應試教育削弱了他們的創造力；後者是廣大的技職生，他們當中絕大部分在讀國中時就被升學體制放棄了。關於後者，不知讀者是否還記得，我在全國教育會議上宣讀了一封「後段班」孩子的來信，他在信上憤怒地說：「為何要放棄我們，我們只是比較不會考試。」「今日你放棄我，明日我放棄你!」字字控訴，震撼全島。

看看美國的例子。他們的孩子們全去讀高中，可是有三成多沒有讀完。相較於國內擁有技職體系，我很好奇美國這三成高中沒畢業，又沒有機會接受技職教育的孩子未來的出路；另外，還有近三成的高中畢業生沒有進大學，他們也轉入了職場，卻同樣未能接受技職培訓。雖然，美國家長及學生對接受教育的積極程度跟我們有差別，但這是美國多年來推動十二年國民教育，又極度開放大學教育的結果，很能作為我們推動教育改革時的重要參考。

以上兩項數據相加的總和約六成（當然，這尚未計算沒有從大學畢業的部分），這麼高比例的美國學子進入社會，

卻嚴重缺乏專業訓練。如果有高職，那三成沒畢業的學生不必讀高中而能有機會把高職讀完；另外三成高中畢業但沒讀大學的學生，高職也可能是他們較好的選擇。這樣看來，台灣早年的教育政策——三分之二的國中畢業生（接近六成），輔導進高職就讀，三分之一的學生讀高中，實為高見遠識！

我在部裡推動教改時，很清楚多元的教育體制確實比單一的好；我也認為技職生是締造台灣經濟奇蹟的重要功臣，技職教育跟就業有相當密切的關連，所以大力宣導技職教育，期望能改正社會上輕視技職體系的陳舊觀念。同時，又一改以往斷頭式的升學體制，打通其升學管道，技職教育因而稱盛一時。但這樣的作法在我離開教育部幾年後改變了，造成如今高職凋零、大學林立的局面。

十年前，行政院教育改革審議委員會（以下簡稱教改會）提出的「廣設高中大學」的政策，似乎缺乏深入研究，也忽視了世界發展的趨勢而只會鄉愿地喊口號。還記得在立法院大會，我被在野黨委員拿著教改會報告書抨擊時的答覆：「我不能抱著教改會的諮議報告書做教改。」使得蕭萬長院長連忙為我解釋的場景；還有在教育部被媒體追問教改會及教育部政策差異時，我回答說：「我們都是要孩子們快樂學習，正像從台北市的教育部去台北縣的新店有很多路可以走，目的地是一樣的。」我不希望給媒體機會，讓他們專注於報導兩者間的矛盾。不過，這種矛盾也不奇怪，當我離開教育部時，教改會的召集人李遠哲先生在媒體專訪時說了一句：「吳部長如不離去，將會為教改帶來傷害！」

如今，國內輿論一方面認為升學壓力不減反增，升學補習班又急遽增加。「廣設高中大學」顯然不是解除升學壓力的有效措施，也逼得今日教育部開始研究過多大學的退場機制；另一方面，大學生普遍有畢業即失業的煩惱，不少人擔心這樣下去將會演變成嚴重的社會問題。事實上，正如數年前我在監察院檢討教改成效時所說：「教改會推動的工作，大致是在反威權的氣氛下為學子爭取教育權，但卻忽視了他們大學畢業後的工作權。」放眼看世界，現今各國政府日益將首要政策目標放在為他們的人民創造工作機會，如何達成這項巨大使命，美國教育界仍在徬徨，但中國大陸卻早已捷足先登，大力推動「職業教育」了！

離開教育部後，「技職教育體制」及「技職人」一直是我關心的事務。除了演講外，我還希望透過文字向社會傳達技職體制是新世紀教育的主流，以及技職人帶給我們台灣社會莫大貢獻的觀念。很幸運地，民國 90 年，我得到當時教育部技職司長（今國立臺南大學校長）黃政傑先生的支持，透過專案計畫的方式，收集到幾位有代表性的技職人創業故事。這些由全國甄選出來的技職人代表，不是家喻戶曉的產、官、學界領袖，而是生活在我們周遭的一群默默的耕耘者。過程中，感謝雲林科技大學吳進安及巫銘昌兩位教授參與甄

選，以及我當年在教育部就熟識的媒體伙伴紀麗君小姐執筆，尤能傑先生攝影，吳京文教基金會的莊琇媛執行長則全程參與這個活動。另外，也要感謝國立金門技術學院李金振校長的協助，讓這本書順利發行。最後，我還要向為此書作序的四位先生致上我最高的謝意：台塑企業創辦人王永慶先生、統一企業董事長高清愿先生、前教育部部長毛高文先生、郭為藩先生。因為他們不僅是成功的企業家、教育家，更是技職體系最堅定的支持者！

必須要說明的是，此書初稿於民國 91 年底完成，然因種種因素延宕多時，才於今年（95 年）由三民書局出版問世，也導致書中的若干敘述與現今狀況有些落差。書裡描述的這群技職朋友，他們都在技職教育中找出了他們的興趣及生涯規劃，並能在工作中快樂的成長與發展，不僅照顧到家庭，也對社會及國家作出了積極的貢獻。他們大都畢業自專科學校，亦充分顯示當初除建立三條教育國道外，並把第二條國道中學子的重心由技職提升到專科是正確的。我誠摯地希望，藉著他們的例子，能讓社會大眾重新認識「技職體系」及「技職人」，也讓正在就讀或計畫就讀技職體系的學生能對自己充滿信心，勇敢向前。

俗語說：「十年樹木，百年樹人。」教育是百年大計，立國之本。台灣最珍貴的教育經驗，促成我們今日的繁榮興盛；明日的再出發，自然也得從振興教育著手。當年的教改層面非常廣泛，這裡討論的僅是教育體制。單就這方面來說，我們可以從過去教育體制改變的過程中學到什麼？對以往的經驗是否有再思考、再檢討的空間？技職教育是中華民國教育體系中的一個寶，更是未來社會就業導向的主流。我相信，莘莘學子們必能在技職體系中，找出自己的興趣、培養自己的專長，進而追求美滿幸福的人生。

【目次】

推薦序一　王永慶　1

推薦序二　高清愿　4

推薦序三

好點子　毛高文　8

推薦序四

平凡中的不平凡生涯　郭為藩　10

自　序　13

電玩大亨王俊博
——穿梭在真實與夢幻之間　1

紅面番鴨王田正德
——挖掘失傳古配方　名揚四海　13

快樂黑手陳朝旭
——為人打造金雞母　25

永遠的學徒林水木
——愛上速限十公里的曼波 35

傳統產業小巨人游祥鎮
——用創意智取日本 45

自學高手廖文添
——以實作代替空想 57

完美先生張建成
——靠努力贏得廠長寶座 69

木雕藝師楊永在
——為藝術當逐日夸父 79

拚命三郎梁志忠
——致力搶救古文物 91

發明大王鄧鴻吉
——立志挑戰愛迪生 *101*

回頭浪子劉正裕
——從「極冷」追逐夢想 *113*

現代書生曹國策
——執著當眾人圭臬 *125*

小醫院大總管鄭琨昌
——重拾書本再創新天地 *137*

微笑慈善家黃志宜
——人生以助人為樂 *149*

生活哲學家林木春
——奉行兩分耕耘，一分收穫 *161*

折翼天使李志強
——用單腳追尋桃花源 171

堅毅女傑林文英
——用眼淚編織美麗人生 181

打火豪傑陳明德
——不愛橫財愛寶劍 193

殯葬改革急先鋒李萬得
——讓生命回歸自然 205

後　記　紀麗君 217

電玩大亨 王俊博

——穿梭在真實與夢幻之間

吳　京：在遊戲軟體界稱雄，壓力很大，當初怎麼會想到要選擇讀技職體系這條路呢？

王俊博：在民國 50 年代，習得一技之長是謀生最大的保障，一般家境不十分富裕的子弟都會選擇這條路，雖然畢業後並沒有學以致用，但「技職人」追根究柢、實事求是的人格特質，已深深刻烙於心，讓我在後來從商的過程中，能比別人多一分細心與耐性，多一分堅持與執著，面對逆境與挫折時，才能積極地去克服、解決。成功與失敗有時候近在咫尺，差的只是最後一刻的堅持。

吳　京：台灣加入 WTO 後，對遊戲軟體業有什麼衝擊？台灣的技職體系未來要怎麼走，才能再創台灣的經濟奇蹟？

王俊博：台灣的遊戲軟體產業，對手是來自國際廠商與世界各地的產品，如何在混亂的殺戮戰場中殺出一條血路，區隔市場是目前最重要的關鍵。華人市場是世界最大的市場，中國文化題材的遊戲永遠是華人市場的最愛，台灣業者最懂得詮釋中國文化題材的遊戲。因此，如何確保這個火車頭的地位，是台灣遊戲軟體業者都必須深刻體認並要全力以赴的。

在目前的市場生態中，技職教育絕不是要造就一個個技職模型，而是要培養出技職人的素養與人格特質。現在大企

業的成功領袖哪一個不是技職人出身?如果從這樣的角度來看,技職教育其實是成功的。

20多年前,當王俊博在塑膠廠當雇員時,一個月賺4000元,騎著摩托車一路從高雄到台中兜售錄音卡帶,整日灰頭土臉的年輕小伙子還不知道,自己在20多年後會變成台灣遊戲軟體界的龍頭,還會變成億萬富翁。「我不排除機運之說,也許一個人剛巧在某個時間中會遇到改變自己一生的人或事,更重要的是,我一直堅持做到最後一分鐘。」王俊博滿臉笑意地說著。

工作20多年來,歷經3次創業,人生的過程中吃足了苦頭,而苦頭最終也成為人生難忘的回憶。王俊博現在是智冠科技公司的總經理,台灣和中國大陸兩地的工作夥伴各有300多人。為了員工和廣大的投資人,他整天像拚命三郎的工作、工作、工作,今天在台灣,明天可能已經飛到上海,揮去一顆顆落下的汗珠,他越做越勇。

身為一個總經理,他的辦公室實在缺少豪華的氣派,深色的家具看得出主人沉穩內斂的個性,而辦公室裡一大片的落地窗,就顯得格外醒目。他

喜歡坐在辦公室裡，看著太陽東升、西落，廣闊無際的視野把整個高雄港盡收眼底。他說，從這裡望出去的遙遠地方正是中國大陸，「我要放眼大陸，心繫台灣。」看著遠方，他露出自信。未來，他希望能打造出全中國最大的物流通路，通路內容包括遊戲軟體、雜誌、CD、VCD 和出版品等。

■ 無欲的父親　一生的標竿

民國 40 年出生的王俊博，從小在南鯤鯓的小漁村長大，父親在日據時代學教育，後來在台南蚵寮國小當音樂老師。憑一個小學老師的薪水要養 6 個孩子，家中的生活環境其實並不富裕。王俊博從小就愛看童話書，家中沒有錢能供他買書，於是他想辦法向同學借或是到圖書館看。長大以後，看小說、寫文章，成了他的最愛。初中畢業後原本想投身藝術工作，打算念建築或美術設計類的科系，但為了現實生活，夢想始終無法實現。民國 58 年他考上高雄工專（國立高雄應用科技大學的前身）化工科，只能將夢想悄悄地放在心底，等到畢業、當兵之後，他才又拾起心底的夢想，毅然捨棄化工這個當紅的行業。

他說，民國 62 年高雄工專畢業以後，大部分的同學都進入煉油廠工作，去捧最穩定的飯碗，「我就是對化工提不起興趣，曾為了不去做與化工相關的工作，自己一個人跑到台北應徵飯店外場領班。」因為沒有被錄取，只好再走回化

工本行。不過，做了幾個月就知道撐不下去。雖說沒有進入化工本行，以前在學校學的化工、經濟等科目，依舊幫他打下重要的基礎，「那 5 年的學習，讓自己的邏輯概念更成熟。」

5 年的時光中，他在課外活動上也非常活躍。曾經當過「天籟合唱團」的團長，也參加過救國團的寒暑假活動，這些經驗對加強他的人際關係幫助很大。其中，最令他難忘的是擔任 4 年導師的曾堪仁老師。「曾老師當時只大我們 10 多歲，就像大哥哥一樣地照顧我們，沒有一點老師的架子，甚至在他退休時，全班 40 多個人竟有 30 多人到他家聚餐。」

說起這輩子最讓王俊博崇拜的人，他毫不猶豫地說：「父親。」他說，父親的偉大在他 30、40 歲時還無法體會，「等到我現在過了 50 歲，有了人生歷練，才知道他是我一輩子永遠達不到的標竿。」他的父親一生勤儉，連抽根菸都捨不得，「我和他比起來，愛花錢，幾乎是別人眼中的浪子。」他的父親為了家計，每天清晨 5 點起床，先去巡視魚塭，再去學校上課，回家之前也是先到魚塭看一下，「一輩子都在付出，這就是我的父親。」

令王俊博不解的是，後來他創業賺了錢，常常叫父親不要把精神繃得那麼緊，可以過一下輕鬆的日子，和別人一樣去遊山玩水。可是他的父親還是堅持過清貧簡單的生活，不亂花錢、不旅行，拒絕享受，這種簡約的日子數十年如一日。「我常覺得自己在物質欲望上比起別的企業家已經很控制

了，但是，若拿自己與父親相比，我發現，我可能永遠都達不到父親的境界。」他說，父親那種拋開一切欲望的做法對他的影響很大，所以即使他現在有上億身價，依舊過著勤儉的生活，「我現在住的房間和以前一模一樣，沒有任何改變，我愛收藏國畫，但如果畫的價錢超過 2 萬元，我就不會買。」

■ 創業三次　識盡苦滋味

沒有人天生就是贏家，王俊博也一樣，他甚至一直在輸家的位置徘徊很久。五專時，他和弟弟都在高雄讀書，每次開學前，母親就會塞幾百元給他，作為他與弟弟接下來 3、4 個月的生活費。「因為我是哥哥，錢都我拿著，弟弟根本沒有花錢的份，這些錢我在 1 個月內就會花光光。」畢業後到鳳山步兵學校受訓，1 個月薪水 400 元，部隊只要一放假，他馬上和一票阿兵哥溜到屏東自由路的咖啡館泡美眉，一天就花掉了 390 元，「當時也不知道為什麼，非得花光所有的錢才肯回部隊，再用口袋裡僅有的 10 元吃福利社的小碗豬腳麵。」

下部隊到金門的王俊博，到了一個無處花錢的地方，薪水又從 600 元調到 1300 元，令人意想不到的是，一個揮霍成性的人竟然存下了 17000 多元！「真的！連我自己都嚇一跳，家人幾乎要抱頭痛哭，都覺得浪子轉變成有為青年了。」說起來也很湊巧，當時他是因為在金門太無聊，養成了記流

水帳的習慣，一場電影 5 元、請退伍的阿兵哥吃飯 100 元……，一路記下來，當省下的錢越積越多時，心中的成就感油然而生，「當兵這段日子真的是人生第一個轉捩點，不僅強壯了身體，還把以前浪費成性的自己改正過來。」

退伍以後，想不出自己該做什麼，便先到一家專做進出口針織衣服的貿易公司上班，「一進到公司，我快嚇死了，20 多個女性，只有我 1 個男人，一天到晚都是女同事開玩笑的對象，做了 40 多天受不了，只好辭職不幹。」他說，從那次經驗發現，在女人堆中討生活實在不容易。由於他對化工沒有興趣，一直不想走進本行，到最後逼到沒有退路，還是和高雄工專的兩位同學一起合夥開色料化工廠。

「那是我第一次創業，不過，只做 1、2 個月就不做了。」他說，這家色料化工廠從事「色母」生產，做黃色的顏料，每天好好的一個人進去，工作時，頭髮、鼻子、眼睛、眉毛一定都會沾上黃色的顏料，下班回家，整個人看起來就像個「黃人」，他受不了只好退出。後來又到舅父開的塑膠廠工作，誰知道碰上 1970 年代的石油危機，當時台灣的企業只好請求員工共體時艱減半薪，「我當時向舅父表示願意減半薪，只要 1 個月給我 7 天假去賣唱片卡帶賺點外快就好。」

王俊博勤快地批發大盤商的錄音卡帶去賣，沒有汽車可開的他，只能騎著摩托車一路從高雄北上兜售音樂卡帶，中途停靠嘉義、虎尾，最後一站到台中，來回一趟要花一週的

時間，「為了怕打瞌睡，戴著安全帽騎機車，每次騎到店家時，已經是全臉灰漆漆。」有時候貨載得太重，停車時還要店家老闆來幫忙才能停好車，「有些老闆看我這麼拚，很可取，還說要把他的女兒嫁給我。」講到這裡，王俊博呵呵地笑了起來。

不過，想起有一次在載貨給客戶的途中，摩托車突然爆胎，他一個人推著滿滿的貨品走了 20 多公里的路程才趕到，他的眼眶中不禁溼潤起來，「很多事情，不是用一個『苦』字就可以形容。」這兩年辛苦兜售讓王俊博賺了 30 萬元，成為第二次創業的基礎。這一次創業和他的本行完全無關，他投入的是唱片業。

王俊博說，從小受到父親的影響，他一直愛唱歌，這個興趣一直維持到現在。因為愛聽老歌，他找到亞洲唱片，「一般的黑膠唱片，一定會發出雜音，當你聽到沒有雜音的老歌時，心中的感動真的無法形容。」於是他以 90 萬元買下亞洲唱片和老歌母帶。那段時間，因為老歌很暢銷，讓他賺進 1000 多萬元。不過，後來他遇到了瓶頸，因為唱片業的經營方式是簽歌手、搞宣傳，投入大量金錢去培植歌手，「這種做生意的手法，對我來說就像賭博，我不喜歡賭博的感覺，我要做有把握的事情。」

有一次，王俊博接到神通電腦的訂單，要求他幫忙生產電腦遊戲卡帶，他被這種卡帶迷惑了，他想著：「天下怎麼

會有這種既有音樂又有遊戲影像的卡帶?」經過一番深思熟慮後，他決定改變唱片業的工作型態，民國 74 年他正式轉型到遊戲卡帶上，朝他的第三次創業邁進。只是，他沒料到踏進遊戲軟體市場後，竟然成為夢幻世界的遊戲天王。

■ 從傳統提煉新意　靠文化獨占鰲頭

民國 74 年以 500 萬本金成立智冠科技公司，王俊博號稱要發展台灣遊戲軟體，「可是，當時盜版軟體一大堆，一片正版軟體要美金 40 元（約台幣上千元），盜版只要台幣 40 元。」他天天思考如何破解盜版的困境，終於讓他想出了好辦法。他說：「只要我用比盜版貴一點點的價錢來賣正版，一定會獲得回響，壓低原版價格才能殺出一條血路，我去跟國外的廠商洽談價格，一片原版價只賣美

金 4 元，其中我賺一元、成本一元、版稅一元、經銷商賺一元。」

就這樣，帶著天馬行空的想法，王俊博飛到美國開始遊說遊戲軟體廠商。儘管王俊博說得口沫橫飛，但是對方一聽到這種異想天開的銷售手法時，通常只說一句：「謝謝，再聯絡！」沮喪到了極點的他，仍然不放棄，一年以後，終於獲得一家 SSI 公司首肯，願意接受美金一元的版稅。不過，有一條但書，美方要王俊博保證賣出 4000 套，結果，他的行銷策略奏效，共賣出 5000 套產品。有了成功的經驗後，他乘勝追擊、如法炮製，全盛時期曾代理 30、40 家遊戲軟體廠商的產品，市場占有率達到 7 成。

然而，王俊博很快就發現代理市場越來越競爭，廠商競相提高版稅，於是，他決定自己培養遊戲開發人才，並推出第一套由國人自製的「三國演義」。由於國人對傳統民間故事耳熟能詳，再加上是國人自行創作，推出以後，市場反應出奇的好，讓他對國內自製遊戲軟體越來越有信心。民國 83 年再推出「三國演義」續集時，他原本信心滿滿地對外宣布 8 月 8 日即將上市，沒有想到，到了 8 月 4 日時，程式還沒有完成，無法上生產線。

王俊博說：「當時我真的急了，從高雄出發到台北為製作群加油打氣，原本想說等一天以後，就能順利完成工作，卻沒有料到，一等就是 18 天。」他一到台北工作室看到工作

夥伴時，實在被眼前橫的橫、倒的倒的情景嚇到了。「每一個人的臉色都很難看，好像隨時要叫 119 一樣。」包括他在內的小組成員們，大家天天盯著電腦看，一次次地修改程式，「大家吃不好也睡不好，心中只有一個目標，就是趕快把東西做出來。我就這麼一路陪著，18 天都沒有洗澡，就是怕他們出意外。」當時，他告訴夥伴們說這個行業這麼辛苦，等遊戲完成推出後，真的不想再做了。令他吃驚的是，續集推出後造成更大的轟動，「於是，我收回先前說過的話，還是繼續做到現在。」

王俊博說，台灣加入遊戲軟體工業的時間比美國、日本都晚，美國擁有最棒的技術，日本擁有最好的創意和美術，台灣呢？台灣可以從中國歷史故事中找出一個新方向。「文化，正是我們贏別人的地方。」找到方向以後，從「三國演

義」、布袋戲、「風雲」到「金庸群俠傳」，王俊博又發掘了許多遊戲軟體的創意題材，「我們從老祖宗留下來的智慧中找靈感，打入華人市場輕而易舉。」王俊博最終的目標不只是華人市場而已，還要舉著東方文化的旗子攻向國際市場。

■ 身價億萬　只想回到心中最初的那畝田

遊戲世界是相對於真實世界的一個夢幻國度，王俊博卻是個愛穿梭在真實與夢幻世界的人。大概因為他從小就愛看小說、寫詩、愛做夢，即使到了現在，他仍然幻想著自己能置身在如《狂風沙》、《北大荒》這些書中描述的東北大草原，他就是騎著馬馳騁在草原上的異國王子。

談到未來，他希望能培養專業經理人接手智冠，讓自己在 60 歲退休。等到退休後，他要到中國大陸雲遊四海，帶著心中的那把寶劍四處為家，還要在環境優美的西湖邊買塊地，依照自己的夢想蓋出一棟獨特的房子，有空就到黃山走走，看著水中月、學著古人飲酒高歌……。

紅面番鴨王 田正德

──挖掘失傳古配方　名揚四海

吳　京：在美國時，我曾經為了到底要讓孩子念公立還是私立學校煩惱過。後來，為了不讓孩子因為念了私立學校，看起來會像小大人的樣子，於是決定讓孩子念公立學校，讓他正常地發展。我總覺得私立學校的學生比較做作，這種感覺和技職體系剛好相反，技職體系的學生看起來不做作。

田正德：我在技職體系成長，十分珍惜學校給我的教育，想到自己的薑母鴨配方是在學校學來的，心裡總有無限的感激。走技職體系的學生一定是想要學得一技之長，技職教育正好給了學生們所需要的專業知識，對學生未來創業或就業都有很大的幫助。我的薑母鴨中央廚房在嘉義，曾經僱用一位大學生負責，他不僅要管理，還要送貨，後來這位員工覺得太辛苦了，沒有發揮的空間，於是就離開了。一直到現在，我仍舊沒有刻意避免僱用大學生，只是公司裡裡外外的確是技職體系的員工比較多。

吳　京：談談鴨子，牠的肉有比雞肉好嗎？

田正德：鴨肉的營養主要在血紅素，牠的血紅素含量接近於牛肉，更是豬肉血紅素的 6 倍。而且，鴨肉比較容易轉成胺基酸讓人體吸收。根據我的觀察，全台一年要吃掉 100 萬隻鴨子，也就是說，一年能銷售 500 萬份的薑母鴨。現在薑母鴨的經營要走向年輕人的

市場，大約 18 歲到 30 歲左右。另外，很多人吃鴨子是為了孩子「轉骨」著想，因此，我未來將開發這塊新市場。

現在的田正德在紅面番鴨界呼風喚雨，像個「番鴨王」，卻很少人知道，他在不到 30 歲時曾因為肝硬化而差點命喪黃泉。在吃了傳世兩百年的中藥食補紅面薑母鴨後，竟然在死神的特許下痊癒了，連他自己都不敢置信。靠著撿回來的命，這個年輕人決定要好好地過一生，要多做有意義的事，更要將這帖食補藥膳配方推廣給更多人食用，而將藥膳配方加上紅面番鴨公，也是希望傳遞出異鄉遊子回憶中的「媽媽的味道」。

走進辦公室，人高馬大的田正德笑聲開朗，走路速度很快，咚咚咚的三兩下就步上了公司挑高設計的氣派樓梯，隨行在旁的同事，早就被他急速的步伐甩在腦門後。宏亮清脆的聲音，讓從各地方來，等著開會的直營店店長們不禁挺直了腰脊。走進中型會議室，他用鷹般的銳眼掃視一遍已坐定在會議室中的店長們。年過 50 歲、穿著火紅色衣服的田正德，真教人無法與 20 多年前，長期臥病在床，病懨懨有如風中殘燭般的男人聯想在一起。此刻，他一如往常，開始主持會議，開場白是：「大家好，我是充滿健康、快樂、活力的田正德，很高興看到大家……。」

「叫那些沒有吃過紅面薑母鴨的人站出來，怎麼會有人

能抗拒得了這種千古流傳下來的帝王食補呢?」這就是田正德平時說話的口吻。充滿自信，將薑母鴨配方商品化的他，平時最愛做的事情就是對員工加油打氣。「這是一種催眠，也是對員工的搖旗吶喊，是一件非常重要的事情。」他振振有辭地說著。

田正德愛死了紅色，遠遠看到他，就好像看見他飼養的紅面番鴨公一樣，一團火熱的紅火，充滿著熱情與朝氣。留著一頭黑人般捲髮的他，臉上始終帶著笑容，愛用讚美代替批評，讓員工願意接受該改進的小地方。

有一次，某一個加盟店長向他反應生意不好，怎麼樣都吸引不到食客，這位店長相當苦惱，所以半夜跑來向他求助。他隨即奔到那家店，足足在店外、店內觀察了兩個月，把每天車流的尖峰時間、客人流量最多時、附近街道壅塞的時間

做了詳細的紀錄，最後終於讓他找出生意不好的原因！他二話不說先將店的地基加高，免得店門口成天被摩托車停滿，看不到這家店「葫蘆裡賣的是什麼藥」，再在店門外的看板上加了5根垂直柱子，並在每根柱子上加了好幾盞燈泡，遠遠看有如放射狀的火焰般，讓顧客遠遠就可以清楚看到「紅面薑母鴨」幾個斗大的字，顧客知道店裡賣的是薑母鴨後，從此食客絡繹不絕，店長終日笑呵呵。

■ 活用上課筆記　奠定創業基礎

田正德從不在人前隱瞞自己出身技職體系的學歷，就像他從不覺得在別人面前說自己過去是個窮學生有損顏面一樣。他常常大喇喇地向別人說：「我是新竹大華工專（大華技術學院的前身）畢業的學生。」

民國63年畢業的田正德，對母校仍十分感激，他說：「一切都要感謝母校給的知識。」當時，一個學期學費要3400元，為了籌措學費，他必須辛苦地到工地挑兩個月的磚頭，東省西扣的才能存下學費。當時打工一天的薪水是39元，如果硬著頭皮加班，一天也能賺到一百多元，而那時，買個熱騰騰的肉包不過只要5毛錢！

為了討生活，他有時候不得不蹺課，所以只要能多坐在教室裡一秒鐘，他就要比別人更努力學習一秒鐘，從他鍥而不捨地抄筆記就能看出這股拚勁。現在，讓他賺錢的薑母鴨改良配方，多半來自學校的筆記。同樣抄筆記，經過一番活用後，他為自己開創了新事業、新視野。每次同學會時，不少同學總是好奇地問他說：「同樣都在抄筆記，怎麼只有你抄出了薑母鴨的配方！」

■ 薑母鴨意外成為救命祕方

「番鴨王」田正德在 30 歲之前的人生高潮迭起，有一段不為人知的過去。小時候他身體不好，7 歲時就曾被診斷出有肝病，身體狀況時好時壞，工專畢業後總算穩定些。剛畢業，因為沒有工作經驗，只得到處打游擊，記憶中，他做過的工作很多：當過跑龍套的臨時演員，當過挑磚工人，做過賣水餃的小販，當過保險業務員。為了增加收入，他還去跟人家學看風水，當地理師，最後終於得到一份較穩定的工作——西藥推銷員，除了推銷之外，田正德還幫公司擴展不少業務，在不斷地努力下，他終於晉升到業務經理的職位。

已結婚生子的他，時時刻刻就是想著要為家庭努力打拚、為公司賺進更多的收入。每天過著交際應酬的生活，只要想到又能為公司簽下一張合約，多喝幾杯也無所謂。不幸

的事情發生了，26 歲那年，身體在不勝負荷的情形下復發肝病，他不以為意，還是逞強工作；28 歲時，終於發生了一件徹底改變他人生的事。

他永遠記得那一天，腹部實在痛得受不了，便請太太陪他到醫院檢查。照了 X 光後，醫生拿著報告告訴他：「田先生，你的肝臟已成山丘狀，同時併發腹水現象，幾乎已達到肝硬化了……。」聽到這裡，他抓著太太的手，腦中不斷浮現著孩子天真可愛的笑容，接著，腦袋又閃過一個念頭——「肝硬化！我還不到 30 歲，如果就這樣走了，妻子怎麼辦？3 個稚齡的孩子怎麼辦？」醫生對於他的病情幾乎束手無策，告訴他：「頂多只能活半年。」

淚流乾了，親朋好友也懶得照顧他，田正德在病床上拚了命地怨老天不公平、咒罵命運的捉弄。然而，埋怨和咒罵並沒有讓病情好起來，反倒是病魔一點一滴地侵噬著他的身體，臉色已完全蠟黃，身體也瘦得只剩皮包骨，虛弱的他不得不向朋友老林託孤。老林告訴他：「聽人家說，有一位上海的林老中醫很有名，要不要去給他醫醫看？」聽到這句話，他心裡盤算著「就當作是死馬當活馬醫」，試一下吧！

幾經輾轉地牽線，田正德終於見到了傳說中的老醫師，老醫師給了他一帖流傳兩百年的藥方，囑咐他說：「這雖然是個流傳了兩百年的祕方，至今卻沒人敢用，怕出人命。」老醫師還說：「這帖藥方要和兩隻腳的家禽類一起細火燉煮。」回到家後，他的母親想起當年自己生產後，就是因為太窮，外祖母只好用紅番鴨代替雞替她坐月子的往事，於是，母親便以紅面鴨燉藥，讓他天天吃薑母鴨藥膳。沒想到竟然發生了奇蹟，他的體力慢慢回復，病情逐漸好轉。這場病，死神決定放過他，而他則下定決心，要好好發揚這帖薑母鴨藥膳。

田正德在病癒後勤學中醫，中醫學理論中，肝病的人就是腎水不足，而鴨屬水，走的是腎經，有肝病的人一定要從多休息和飲食兩方面著手。薑母鴨藥膳以十全大補為基礎，再輔以獨門的中藥配方，能夠發汗解飢、驅風祛寒、舒筋活血。薑母鴨中不可或缺的生薑，主要的功能是打通血脈，煮法是不去皮。由於當初他吃的薑母鴨配方太苦，不適合大眾口味，經過多次的改良，目前已經研發到第六代配方了。

■ 3 天開張　60 天還本

田正德知道要推廣薑母鴨，就要走連鎖店的企業化經營，可是當時沒有資金、沒有人脈，只有薑母鴨配方的他，如何拉來第一位願意加盟的店長呢？有一天他坐計程車，和司機聊起天來，他問司機先生說：「你每天最怕什麼?」司機回答：「最怕沒有客人可以載。」他向司機分析說：「計程車這個行業每天都是從零開始，每天都得面對陌生的客人，但是開店就不一樣，會有忠實的消費者，每天不用從零起跳。」

這番話打動了司機先生，當下變賣了計程車，以 10 萬元加盟，成為田正德創業後第一家加盟店的店長。相較之下，田正德當時身上卻窮得只剩下 5 百元。

後來，他為了增加加盟系統的合理性，刻意走訪美、日等國，師法外國食品連鎖企業的經營方式，找出合理的比例，讓薄利多銷的淨利能夠養得活加盟店，也能為自己帶來利益。他戲稱這樣的生意手法叫做「借雞生蛋法」——「借別人的雞，生下別人的蛋，藉著這顆蛋孵化出來的小雞就變成我真正的財產了。」

從第一天開張營業額抱鴨蛋，第二天只有一個客人，一直到現在，全省已經累積了上百家直營和加盟店，工作夥伴超過千人以上。他說他每天除了要努力讀兩小時的書之外，還常常到社會大學進修，花錢去學習別人經營事業的成功經驗，吸收了許多珍貴的經營方法後，再毫不保留地傳授給全省各地的店長們。問他為什麼要這麼認真？他回答：「道理很簡單呀！店長賺錢，我才可以『坐享其成』嘛！」

並不是每一個人都可以來當田正德加盟店的店長，他

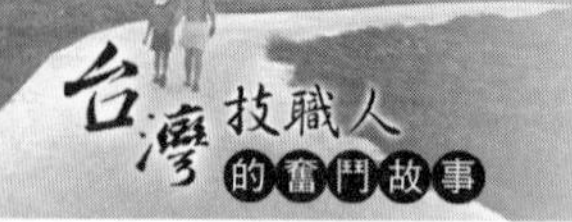

的事業夥伴一定要是年輕、健康、自信而有活力的人。他不在意這些人是不是資金少、店面小，他要求的是店長必須有無窮的幹勁、不斷學習和刻苦耐勞的精神。為了回報努力工作的店長們，他立下一個別人不敢亂定的原則，就是要讓加盟店「3 天開業，60 天還本」。

不吝於把各家分店的成功經驗相互分享，田正德希望能和工作夥伴一起賺錢、成長。從這幾年的開店經驗中，他分析出：「通常第 1 年會很辛苦，憑著薑母鴨的特色吸引顧客，個人也要付出相當大的努力，到了第 3 年至第 5 年之間，會累積不錯的客源和根基，第 5 年以後一定開始累積個人的財富。」當初在念大華工專時，田正德是全班最窮的人，也是最需要錢的人。所以，努力邁向成功，對他來說就是一件最迫切的事。

■人生哲學——吃七分飽、適當的失眠、適當的貧窮

父親是外省人，母親是閩南人，但是，田正德卻認為自己是客家人，原因是他在新竹竹北一帶長大，從小就接觸客家庄勤奮樸實的文化，所以養成刻苦耐操的性格。他常對想要成功的後生晚輩說一個觀念：「當別人正在睡覺休息時，就是你偷偷努力時，人家早上 6 點起床開始工作，你要比別人更早，可能清晨 4 點就得開始，等到別人開始做事時，你

已經準備要進行別的計畫了。」點點滴滴累積下來的功夫，全都是田正德自己的經驗談。

「當一個人對某件事下定決心的時候，潛能自然會被激發出來。」田正德說，他 9 歲就在社區附近賣冰棒，開始學習做生意；16 歲在夜市擺地攤賣女人的胸罩和內褲，他把胸罩和內褲穿戴在自己身上招徠消費者的目光，16 歲時又比 9 歲時更了解做生意的竅門，「我是個時時刻刻都在做準備的人，會做生意並非天生，我從 9 歲時就開始做準備，到了 30 歲時才真正以賣薑母鴨一戰成名。」

現在的他，不滿足於只是一位賣薑母鴨的商人，他想朝向多元化的角色發展。為了把他賺錢的經驗傳承給下一代，他當起了作家，完成一本《喚醒你的賺錢智商》(*Wake up Your MQ*) 的書，未來還計畫出一本《易經密碼》。另外，趁著夏天比較空閒的時間，他會到處去演講，足跡遍布各個學校、公司行號。此外，他還準備要把薑母鴨的版圖擴大到歐洲、中國大陸等地。

目前，他集資 10 多億投入中國大陸西安的造鎮計畫，在那裡吃喝玩樂應有盡有。最特別的是，會仿照美國的拉斯維加斯蓋賭城，緊鄰賭城還有一座太乙真人的廟宇，他不諱言地說：「就是拿別人的錢賺自己的錢。」

田正德最常對員工做的一件事情是什麼呢？答案是「拍手」，他認為「想法會實現」，每個人都有自己的想法和期待，

例如：住更棒的房子、賺更多的錢、受更多人的重視、變得更美麗更健康等。其實，這些都是非常正面的想法，一旦有了想法，我們就有機會實現。因此，希望、願望和欲望正是人類行為的原動力。以前，他不懂這個道理，現在，他改以讚美、認同代替嚴苛的批評。為了讓自己不斷地進步，他身體力行「吃七分飽、適當的失眠、適當的貧窮」，「當你有進步時，周遭的朋友、工作夥伴自然也會跟著提升自己，慢慢地，我們的社會也會越來越有競爭力。」

（**編者按：**田正德先生已於民國 93 年 9 月 17 日因病逝世，享年 52 歲。）

快樂黑手陳朝旭

——為人打造金雞母

吳　京：經營一個機械工廠，你現在的限制在哪裡？

陳朝旭：目前台灣訂單不多是事實，技術性高的部分必須靠研發人員來支撐，像我的工廠共有 50 個員工，其中開發部就有 10 人。進行研發工作的主力多半為專科生，這些專科生既有實作經驗又有專業理論基礎，不找大學生的主要原因是，他們通常待不久。

吳　京：台灣有一個危機，專科生逐漸減少，投入研究所的學生太多，大學生也拚命跑去中國大陸念研究所，但是台灣的高科技產業只能養少數頂尖的人，那麼多數人怎麼辦？這個現象很值得大家注意！

陳朝旭：這是一個政府要預先看到的危機。一般中小企業根本不願意投入人力進行研發工作，寧願靠外國人做研發。以日本做機械的公司來說，都有自己的研究部門，這樣一來他們的生產線可以從頭到尾控制品質；台灣則相反，大企業不見得願意投入研發，小工廠就更別說了，到最後一定會抹殺掉自己的人才。

走進陳朝旭位於台中工業區內占地 1000 多坪的工廠，聽到的是機器發出轟隆隆的聲響，到處可見已組裝好的或是正在組裝中的磨床機械。這間工廠並不如一般人想像的髒亂，各種組件井然有序地排列著，有時候甚至讓人覺得彷彿來到科幻電影中製造機器人的工廠裡。

陳朝旭人高馬大，外貌方正，看起來就像他公司出產的機器一樣健壯，看他說話時手一伸一縮的，就和他公司出品的自動機械手臂一樣敏捷。會有這樣外形的聯想，無非是與他做生產機械的工作已經長達 20 年有關。

以前，人家說從事機械的工作就是「做黑手」的生意，過去台灣正在發展經濟時，年輕人可不管三七二十一，一個個如過江之鯽般投入，只要能夠改善家計，誰會計較被人家稱作聽起來不雅的「黑手」呢？如今，台灣靠著這群黑手們打下天下後，時下年輕人聽到「做黑手」卻往往退避三舍。陳朝旭說：「雖然我很擔心以後工廠可能會找不到年輕人進來工作，但是只要我還能做，就要為機械工廠多打拚一天。」

■ 在懵懂中學習　從工作中進步

陳朝旭生於民國 44 年，當時的物資環境相當缺乏，小孩子在成長過程中幾乎都是能省則省。當時他的父親在台糖服務，工作穩定，家人得以溫飽，所以父親希望他長大以後，也能習得一技之長，生活過得去，不至於餓死，這樣就很滿足了。

陳朝旭說，當時的社會風氣就是這樣，父母親都希望子女念書能夠與未來的工作相結合，於是他在民國 59 年選擇就讀樹德工專（修平技術學院的前身）機械科。當時他是母校機械科第一屆的學生，學校在草創之初，百廢待舉，一切都是由師生們共同努力而逐漸發展起來的。「說實在的，當時考試時，根本不了解什麼是機械，也不知道念了機械科以後就是要做黑手。」不管如何，畢業時，他對機械已經有了一個概括性的認識。

陳朝旭出社會那年，他投入了機械設計的工作。一開始是在汽車工廠裡做「機械設計」，每天都在摸汽車底盤，這段期間的磨練，讓他對機械應用的基礎概念又更上一層樓。

不久後，結束了汽車工廠的工作，他投入鐘錶公司的生產線，學習精密的機械實作經驗。民國 71 年時，他決定自己創業做油壓機械，為了與一般的油壓機械市場做區隔，

他選擇屬於技術密集的「無心磨床」為目標，這項技術在工具母機中尚屬少見的機械。陳朝旭說：「簡單的說，無心磨床這種工具母機主要的功能是生產零件，我賣無心磨床給客戶，客戶就可以用這台機械去生產各種尺寸的零件。」

他說，創業時的資本額是200萬元，20年後的今天，資本額增加到5000萬元，廠房也因業務需要而擴大至占地超過1000坪，員工達50多人。不過，在很多人眼中，做機械這一行並不能賺取暴利。「很多朋友叫我轉行，改去做電子或更高科技的行業，那些行業比機械好賺多了。」可能是機械的理論接觸太久，他的腦筋也像機械理論一樣的不懂得轉彎，但這也是他的可愛之處。他堅持走機械這條路，而且只要能夠做，就會一直做下去。這一路走來，他感嘆地說：「以前班上還有不少同學在做黑手，現在轉行的轉行、轉業的轉業，真的還在做本科工作的人屈指可數。」

■ 抬轎成習慣　樂於當快樂黑手

陳朝旭說，早期1台機械要用1到2個人來操作，現在如果不是自動化的機器，根本沒有人會買。目前的技術已經精進到利用電腦做成「電腦數控無心磨床」，同樣是1到2個工人，他們不再只操作1台機器，而是10台機器一起來。「這樣一來，大量降低生產線成本，以我的製作水準，連挑剔出了名的日本客戶，也不遠千里地到我的工廠來看

機器、買機器。」

民國 79 年開始，陳朝旭投入「電腦數控無心磨床」後，因他較早提升成自動化，所以擁有較穩定的技術，可說是同業中能做到量化的代表之一。「這個無心磨床製作出來的零件能夠應用在各種產業，像是汽車引擎、保齡球、釣竿、高爾夫球等，都可以經由我做的工具母機生產出來。」他輕鬆地笑著說。

陳朝旭說，工具母機生產的零件能應用的行業很廣，超過一般人的想像。其實，應用的原理都一樣，只要是類似圓棒狀的產品，就能夠由他出品的工具母機製造出來。聽起來似乎不可思議，但事實的確如此，像一般人愛到 KTV 唱歌，麥克風手握的柄的部分，他的機器也能做。問他會不會有職業病，看到圓棒狀的物品就想要拿來加工一番？他笑說：「還好，還沒有嚴重到那種地步。」

陳朝旭說，曾有一家專做汽車傳動軸的汽車公司，因為業務需要，得在後輪傳動的部分做一個市面上未曾見過的「十字接頭」零件，這家公司開發出來的產品非得用這種十字接頭不可，汽車公司找遍了美國、日本等機械公司，就是沒有一家公司能夠替他們生產出這種罕見的零件，「後來，這家汽車公司找上我，我替他們解決了。」

說起這段故事，陳朝旭難掩心中的驕傲，這不只是他個人的驕傲，也是台灣人的驕傲。他說，這家汽車公司本來要

放棄了，只能回到把十字接頭以開模型的老路去生產，可是，一般公司開一個模型，要花上幾十萬元，成本一定會提高，「我的機器省下了他們開模型的錢，直接用機器就能磨出他們要的十字接頭。」從這件事，他更了解到他的職責是在設計出符合客戶需要的工具母機，幫助客戶解決各種複雜的需求。

陳朝旭說：「20 年的黑手生涯，我都是替別人抬轎，也習慣了製作出金雞母給客戶。客戶拿了我生產的機械產品回去生產線，等於在下金雞蛋。看到別人金雞蛋下得越多，我越高興。」曾經有一個專做高爾夫球具的客戶，向他買了 400 萬的機器，2 個月就將業績打平，第 3 個月起開始賺錢，「能這麼快回本的原因是，以前的機器要做出一個高爾夫球具成品要 18 個製程，我的機器只要一個製程就 OK。」

由於他老是幫客戶賺錢，客戶在感激之餘，時常主動邀請他，這和一般行業拜訪客戶時老被拒於千里之外的情形，有著天壤之別。現在走到哪裡，都有客戶競相邀請陳朝旭去玩一玩，「就算要繞台灣一圈，我兩手空空地出發也不會有問題。」陳朝旭瞇著眼睛高興地說。

談到台灣基礎工業的危機，陳朝旭便笑不出來了。他說，現在黑手的工作沒有人要做，工廠裡沒有年輕人，連大學機械系都快招不到學生，這種情形越來越嚴重。大家都跑去從事高科技產業，基礎工業被人忽視，更別談技術的再創新，「家長、老師都一直鼓勵學生念理論，實務已經沒有人會做了。」

即使台灣基礎工業出現危機，即使許多產業開始移往中國大陸，但是在陳朝旭的心中，台灣依舊是最好的投資環境，現階段不會考慮到中國大陸發展。他說:「因為我們的機械產品講求的是技術，品質最重要!」況且，機械這項工業要靠很多衛星工廠協助，才能組合出一台功能精良的機器，組裝的技術和水準要求，只有在台灣才做得出來，「無奈的是，如果有一天，我所服務的客戶都到了對岸，就算台灣的技術再好、品質再穩定，我也不得不移到中國大陸去了。」他有點無奈地說著。

■ 工作是「精猛準」　家庭是「重身教」

陳朝旭的機器，不只在台灣銷售，由於技術穩健，還外銷到日本、中國大陸、美國、英國、巴西、香港、德國、伊朗、比利時、義大利、西班牙、泰國、印尼、菲律賓、馬來西亞等地。產品被肯定，是投入這一行的最大收穫，但是，這些肯定也是由過去失敗經驗的累積，才能一點一滴逐漸步向成功。

民國 77 年時，陳朝旭認為自己的資金已經足夠到國外投資，於是他與印尼人合夥，在印尼買了 10 甲地，準備要做汽車零件的工廠。他完成了買地的作業，到印尼外商銀行借貸，一切準備就緒，原本要借貸 800 萬美金，卻因為幣值不穩，一路狂飆，經他仔細核算後，如果他真向銀行

借 800 萬美金，孳生出來的利息，他賺十輩子的錢都還不清。於是，他懸崖勒馬，放棄了那片土地，損失 300 多萬元。這次的投資經驗給他當頭棒喝，就是「不能做超過你能力的投資事業。」他表情嚴肅地說著。

很難想像動作慢條斯理的陳朝旭，他的座右銘竟是「精、猛、準」，他也希望員工和他一起遵守這個座右銘，因為無論是在機械的設計、製造、市場行銷策畫、技術服務品質、售後服務等，都需要達到「精、猛、準」這三項標準，陳朝旭說：「商場如戰場，假如你的機械磨出來的零件不精又不準，客戶就再也不會找你了，逐漸地，就會被這個行業淘汰掉。所以，一定要時時以這三個字來訓勉自己。」

陳朝旭除了事業上的成功外，他最在乎的就是家庭生

活，他們一家三代同堂，與父母和五個孩子同住，一家九口相當熱鬧。平時他愛游泳，有一次還帶著太太和孩子去參加橫渡日月潭和西子灣的游泳活動。他的太太也是實務經驗的擁護者，陸續拿下游泳教練、美髮師和廚師的執照，為平淡的生活增添樂趣。

就像帶員工一樣，面對五個孩子的教育，陳朝旭一向重視身教，一切都從自身做起。「說一口流利的理論，倒不如真的做出來一件實品，這樣，人家就會服氣。」陳朝旭甘願沉浸在冷冰冰的機械世界裡，也樂於從家中找到溫暖的幸福。

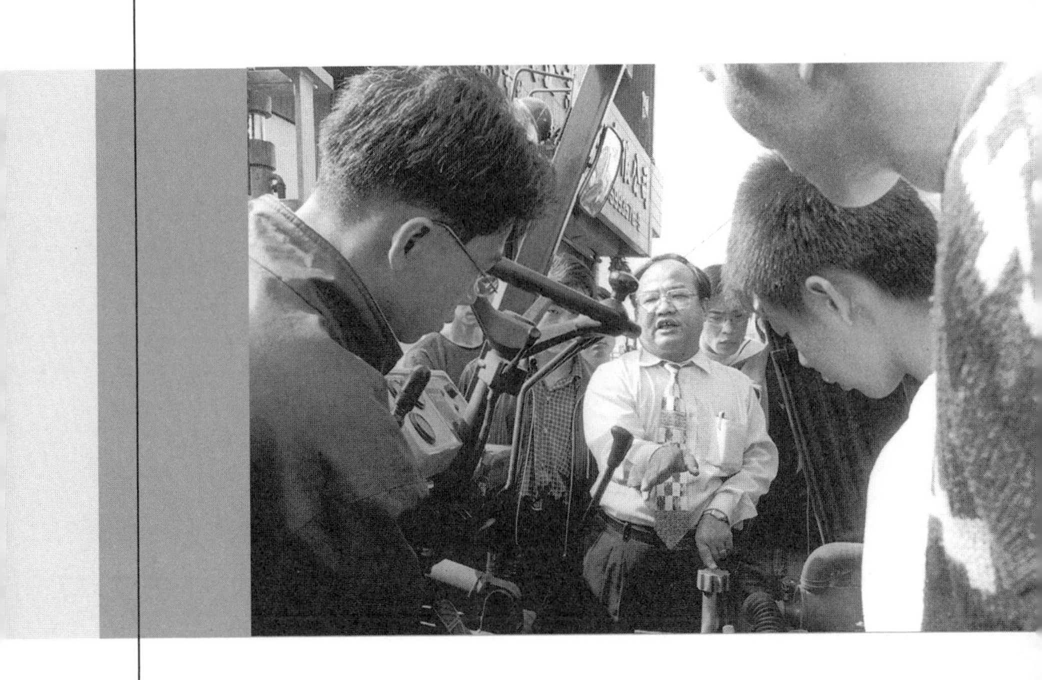

永遠的學徒 林水木

──愛上速限十公里的曼波

吳　京：你現在當董事長，到底算是白領還是藍領？你會永遠站在第一線嗎？

林水木：嚴格來說我既是白領也是藍領，因為自己開公司，既然是自己的事業就想要把它做好。白天我去跑業務，和一些公司行號的大老闆接洽生意，下午沒有事情，3 分鐘褪去西裝領帶，進入工廠與師傅一起幹活，自己身上有功夫，就能和師傅互動，共同傳承經驗。

我常告訴師傅，賣東西給別人的心態要以自己要用來考量，例如：「這堆高機是我自己要開的」、「這堆高機是我自己要買的」，有了這種心情，就不會把消費者當傻瓜耍。我希望自己一直都在為藍領奮鬥。

吳　京：談談你們這代技職人的特色？

林水木：我每天上午 6 點起床就到公司，在 8 點公司職員還沒來之前，都是我自己接聽電話，創業 10 多年來都是如此，至今還沒有週休二日，也許這便是台灣經濟起飛的主要原因。現在政府實施週休二日，我常告訴員工我們還沒有這個條件，不過，年輕人都不聽了，他們來應徵的第一句話就是問：「老闆，這裡是不是週休二日？」我告訴他們，我還想要週休七日哩！

吳　京：技職學生過去為台灣付出很多，現在技職體系卻在萎縮，政府也沒有政策因應，是什麼力量讓你仍舊對工作充滿希望呢？是什麼原因讓勞工朋友創造台灣

經濟奇蹟？

林水木：唯一的原因就是「窮怕了」，只要我還肯做一定都有機會，這是以前的價值觀，也因為這樣的想法，台灣才有經濟奇蹟。以前我父親做一天水泥工的工資是 35 元，後來我去燒廢電纜一天的工資好幾百元，我們這一代人工作都是拚命三郎型，付出的代價是，很多人年紀輕輕就得肝病死掉了。現在台灣已經找不到這種耐勞耐操的人了。

頂著炙熱的驕陽，林水木圓滾滾的身軀被烈日曬得渾身發熱，他臉不紅氣不喘地坐上堆高機，向十多個學員示範如何操作，斗大的汗珠一顆顆地從額頭上冒了出來，沿著頸子一直流到西裝領帶處。汗水一次次地冒出，就像他一次次地提醒考堆高機駕照的

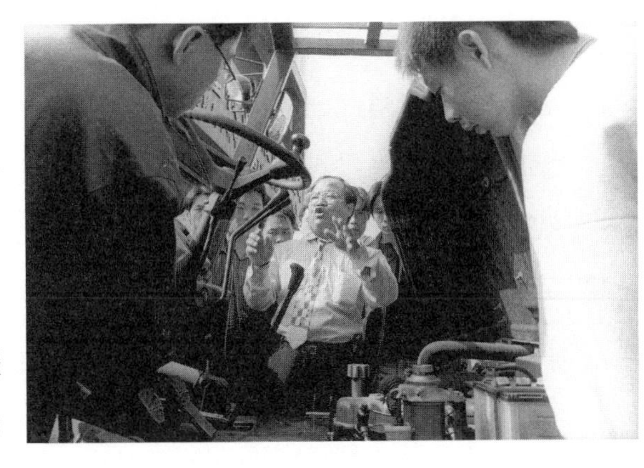

學員們：「開堆高機絕不能求快，大家不能忘記限速 10 公里，尤其是載著大大小小的貨物，在視線不佳的情形下，很容易輾到人，造成公共危險。」他不放心地又向學員耳提面命了一次。

紮紮實實當了 6 年學徒後才正式出師的林水木，不斷加強自己操作堆高機的技術，而不是靠死讀書而已。練就到現

在，世界上主要廠牌出產的堆高機，他都能夠操作，也可以修理，「不是說大老闆就可以不用做事，到現在，只要人手不夠，我照樣親自下來修機器。」他說，不做事是不行的，稍有怠惰就會慢慢地忘記機器的操作過程，技術也會漸漸退步。

■ 草地尾的孩子　草根性的個性

現年 40 多歲的林水木，出生在高雄縣湖內鄉，「那是一個小村落，很草地的地方，所以又叫做『草地尾』，意思就是，再也沒有任何地方比這裡更草地了。」林水木笑著說，草地尾那時候只有 12 戶人家，小時候家庭環境很差，父母親每天都要外出做小工討生活，「小孩子也不能閒著，放學回家以後，我要一邊餵豬，一邊看書，這樣全家才有飯吃。」

他說，光是養豬不夠全家開銷，他從小就跟著父親出去做工，「那時候為了爭取較長的工作時間，常常和父親在天未亮的時候就出門，趕緊搶時間做工，免得太陽大起來以後，汗流浹背根本沒有辦法做事，工時太短的話會延誤工作進度的。」挑一整天的磚頭或是砂子，都是他分內的工作。

那時候，父親的兄弟姐妹也很多，討生活並不容易，父親常常告誡他：「要打拚，要靠自己。」所以，他一直是靠著半工半讀來完成學業，也因為過慣了苦日子，他自認自己比別人更能適應社會。民國 64 年他進入崑山工專（崑山科技大學的前身）電機科就讀，「念技職學校，畢業以後工作好找，這是

最重要的考量。」他說，學校的專業科目訓練出紮實的基礎，成為日後他發展堆高機事業時的重要墊腳石，「因為我學的是電機，比一般傳統的黑手多了電動化的概念，機器內的線路、引擎和配線等問題，都難不倒我，而這些專業，正是傳統師傅拚不過我的地方。」

現在，他擁有一間 300 坪大的維修堆高機的廠房，也代理進口各國的堆高機。他不只是個生意人而已，還身兼勞委會堆高機教育訓練教師、監考官，還拿到學科講師、術科講師和監考官的執照，可以說創下「三項全能」的紀錄。想要考堆高機駕照的人，一定要先經過林水木的教育課程這一關，熟悉了學科和術科以後，才有可能順利取得駕照。

林水木說，堆高機訓練課程一個月可以開 3 到 4 班，每一班最多收 30 人，但不少民眾老早就開著堆高機到處跑，只是沒有拿到駕照，一旦被查到，工廠就要被罰 6 萬元。還有一些學員是為了能順利找到工作而來考駕照，林水木每每看到年輕小伙子到工廠來，第一句話一定是：「少年仔，你要考牌是嗎?」不囉嗦、單刀直入的問句，讓雙方都能馬上進入狀況，充分展現了林水木獨有的草根性格。

■ 要錢不要命　為學業半工半讀

林水木從小成績就頂呱呱，國中畢業以後考上台南二中，雖然當時很想去念，但是考量現實環境，為了儘快減輕家裡的

經濟負擔，於是他選擇就讀崑山工專電機科，這種情形在民國60年代非常普遍。「像我們那一班當時有5個人考上公立高中，後來都沒有去念，全都想著出社會能有一技之長，和我念崑山工專的理由一樣，當時同學的素質都很高。」

他記得學校管得很嚴，剛進電機科時有50多個學生，到了最後只有30多個人畢業。專業科目中有一科叫「輸配電學」，五年級時，有一次老師竟以麻省理工學院碩士班的入學考試題目作為學生期末考試的題目，當時兩班100多人上場考試，竟沒有一個人及格，最高竿的學生考了51分，「我考了49分哩！呵呵呵！幾乎有三分之二的學生考零分。」後來，考零分的學生只得硬著頭皮重修。

念五專的日子並沒有想像中的好過，為了籌措學費，林水木下課以後跑到灣裡去燒廢電纜，一個晚上認真地燒，可以賺到500元。「這在民國68年、69年間，真的是一筆大數目。」當時，上百家的業者都在燒廢電纜，那些因為焚燒而產生的黑色煙霧，把整個天空染成黑色，「那種壯觀的情形，我一輩子都不會忘記，也知道自己是戴奧辛廢氣的製造者。」當時很多人流傳著：「只要你不怕死，就可以燒電纜。」

林水木說，台灣也曾歷經「要錢不要命」的時代，台灣人為了打拚，連命都豁出去了。「很多台灣人在燒廢電纜時，會互相打氣著說，只要沒有死就好。」現在回想起那段日子，他突然表情嚴肅地說，假如沒有燒廢電纜，他不可能念得完工

專。到了寒暑假時，他白天做工，晚上到工廠實習，一直做到晚上 12 點才能休息。實習是檢驗專業科目能力最好的方式，在專四時他就拿到乙級技術士證照，畢業後，馬上被一家公司延攬當課長，負責電路設計的工作。

以前學校的實習制度幫助他很快地適應社會，但是，現在卻不一樣，學校大多輕忽實習這一環。他說，常常可以看到機械科的學生不會車床，電機科的學生不會牽電路線路，「畢業就是畢業，什麼都不會。」他看過很多汽修科的學生到工廠應徵，結果連修護工具都不知道，有些人甚至不知道何謂螺絲起子，「我看到學生變成這樣，真的很痛心，這表示他們進到職業學校念書，時間全都浪費掉了，跟沒有讀過的人一樣。」

■ 以時間換取金錢　自我提升順應產業轉型

崑山工專畢業以後，林水木去當堆高機的學徒，學了 5、6 年才出師，「我是全班同學中唯一做堆高機的人，走進來是有點莫名其妙。」一般學徒制的徒弟學 3 年 4 個月，他學得比別人還長，「時間長短不一定，功夫學起來最重要，就算是出師，也要有一輩子當徒弟的心情。」學徒的日子很苦，每天上午 6 點上班，一直忙到半夜三更才休息，只要是沒有人願意做的雜務，都是學徒的工作。剛成為學徒，師傅要他每天清洗堆高機的油汙，清完以後才教他。記憶中，有好長一段時間，手的皮膚都是黑的。

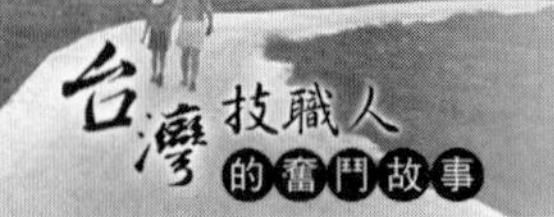

出師的他，剛開始創業時很辛苦，沒有知名度，也還沒在業界做出口碑。不過他認為自己年輕，時間還很多，「我的經營策略是以時間換取金錢。」他曾經創下的最高紀錄是，連續 7 天 7 夜修理堆高機而沒有上床睡覺，一直在工廠裡加班。「真的累了，受不了了，就躺在堆高機旁邊闔一下眼睛。」醒來以後繼續修理車子。當時只要接到案子，就拚了命地趕件，因為深怕以後接不到生意，沒有工作可以做，「到了自己創業才了解，白手起家沒有那麼容易。」

創業時碰到許多挫折，林水木總是鼓勵自己，要比別人努力，要比別人勤勞，沒有技術就無法賺錢。直到創業後 5、6 年，生意才逐漸穩定下來。即使到了現在，他仍舊到處學技術，有時候還要飛往美國、日本等國參加技術研討會，學習別人如何排除產品的障礙，「我們既然是技術人員，在技術上就要累積經驗，不然就會被產業淘汰。」

他說，傳統產業近幾年不斷轉型，走傳統路線的堆高機師傅，現在都不吃香了。堆高機目前已經升級成電動堆高機，由於他念的是電機，對堆高機的線路、引擎等內部構造比較了解，一般的師傅卻都只知其然，不知其所以然。問這些師傅為什麼電路迴路要如此設計時，他們回答不出來，也不去作研究，只是推說：「以前的師傅都是這樣教的，我也這樣學。」但林水木知道，技術要一直往上進步，「唯有技術的不斷提升，事業才不會空洞化。」

創業至今已有 10 多年，目前的員工有 20 位。除了本業以外，林水木還是勞委會堆高機教育訓練教師，他感慨地說，不管是到他的工廠工作或是來學開堆高機，現在的孩子們都有一個共通點，「什麼都不會，只會怪別人。」學得不好，不能兇他們、不能罵他們、不能說他們，有些人練習開堆高機時，不小心撞到東西，他們不會檢討是不是自己車速太快，是不是打檔打得不對，衝口而出的第一句話卻是：「為什麼東西要擺在那邊，害我去撞到。」尤其是當了堆高機講師後，他常常覺得學員不用心，才耳提面命過的地方，過沒有幾分鐘，他們又忘了。等到問他們原因時，學員倒是大方的回說忘記了。「現在，我很少罵學員了，算了！免得學員結訓後，回填教師評鑑給勞委會時會被評為『態度惡劣』的教師。這樣反而造成勞委會的困擾，以前的人講『嚴師出高徒』，現在的人說，老師，不用對我太好，讓我混過去就好。」

他最常提醒學員的是，開堆高機一定要注意安全，全世界發生堆高機意外事故第一名的國家是中國大陸，接下來就是台灣，看著他口沫橫飛地說著：「堆高機空車時可以開 20 公里，載物時一定不能超過 10 公里，請大家記得這一點。」儘管學員已經把這句話背得滾瓜爛熟，林水木還是一再提醒著。

■ 誓言要當永遠的學徒

現在的人都不希望孩子受苦、吃苦，大家都想當大老闆，

「問題是，社會上到底是老闆多還是員工多?」林水木這幾年接觸到不少學員，深知現代的父母親太過溺愛孩子，他說:「如果有一天，小孩子來告訴我:『爸爸，我想去做工!』時，我會很高興。因為沒有做工的人，我們就沒有房子可以住。」這是個簡單的道理，現在的父母親都希望孩子變成白領階級，從小就教孩子「柿子挑軟的吃」，但他依舊認為，擁有一技之長，勝過家財萬貫。

投入堆高機事業十多年以來，對電銲、切割、油壓、引擎等技術，他都已經駕輕就熟。所以任何一個國家出產的堆高機，他都會開，也都會維修，未來，他希望在技術的成就上能夠再創佳績。即使現在，身為大老闆的他，隨時可以捲起衣袖和師傅一起修理堆高機。對他而言，沉浸在速限 10 公里的人生中，他樂此不疲，更自許當一位永遠的學徒。

傳統產業小巨人 游祥鎮

——用創意智取日本

吳　京：當初創業時，是不是很冒險？

游祥鎮：每一個行業都有其成長期，我創業時台灣發展套筒扳手業已有 10 多年了，因為踏著前人的足跡走，看到不少人經營失敗的例子；當我創業時，已經知道要避開一些「死穴」。而且，那時這個行業在技術上變得比較成熟，我算是剛巧搭上了順風車。後來，經營上經過一段陣痛期，我決定調整產品走向歐美路線。

吳　京：很多人對技職教育印象不好，真的有不好的地方嗎？技職體系的學生真的比普通學校的學生還要沒有上進心嗎？

游祥鎮：我到工廠工作，只知道埋頭苦幹，只知道自己要努力。一般大學的學生條件比較好，可能因而比較不容易滿意自己現有的工作環境，社會上士大夫的觀念還是存在的。以前，我讀高工是一心一意想要造船，之後不讀研究所，是想要畢業後趕快出來賺錢以貼補家用。

吳　京：從過去的農業經濟、工業經濟發展到現在的知識經濟，一連串的改革，其實不是被取代，而是一種調整。你認為台灣該如何面對新挑戰？

游祥鎮：以前經營事業只要接單就好，現在企業如果不踏上國際社會便會困難重重。製造、研發都要加強，不

過，台灣最欠缺的是行銷，歐美商業發展早我們幾百年，因此，行銷通路都被他們掌控。雖然如此，我們仍舊能往東南亞、中國大陸這塊市場去發展，早布局的人成功的機會還是很高的。

台中縣太平市是一個平靜的鄉間地區，有著溫和的居民和遼闊的視野。在高低起伏的山巒之間，誰也沒有料到這看似平靜的地方卻隱藏著一條「東方之龍」——游祥鎮。投入套筒扳手市場長達 20 多年的他，終於蠶食鯨吞地搶下日本人在世界各地的市場，成功打開外銷之路。

沒有一般工廠給人硬繃繃的感覺，一走進游祥鎮的工廠，會先看見樹叢和開得茂盛的花朵，漫步在其中，聆聽吱喳的鳥叫聲時，會看到游祥鎮給自己與員工的鼓勵語：「勇於創新，勇於負責，積極奮鬥，邁向未來，客戶至上，品質至上，全員一體，共謀未來。」不管別人怎麼看這些標語，在游祥鎮的心目中，他是真的做到了。

游祥鎮個頭兒不高，是個標準的「3K 黑手」(3K 指的是工作危險、環境骯髒、勞力吃重的工作)。他走路速度總是

很快，一邊低著頭，又好像想起了什麼理論似的，架著一支大大的眼鏡，讓他看起來帶點滑稽。兒時的夢想是建造全世界最大的戰艦，現在，他把這股熱情投入傳統手工具，靠著自己慢慢琢磨研究的結果，將套筒扳手工具這個夕陽產業提升上來，讓套筒扳手業成為傳統工業裡的高科技業。

■ 失去母親呵護，從書籍中找到慰藉

民國 40 年出生的游祥鎮，從小在宜蘭羅東長大，母親在他 9 歲時去世，對他小小的心靈造成不可彌補的傷痛。失去了母親的他，咬著牙度過思念母親的歲月，也讓他從小就比同年齡的孩子早熟，即使家庭生活清苦，他也逆來順受。看著父親一肩扛起家庭和事業，把 6 個幼子撫養長大，他從小就立志，長大以後一定不要讓父親擔心。

游祥鎮的父親在宜蘭羅東做伐木生意，生意曾經一度攀上高峰。家中還有一台十個輪子的大卡車，專門運輸伐好的木頭到平地。不過，伐木業和農業一樣，是個靠天吃飯的工作，宜蘭地區因為常受到風災水災的侵襲，辛辛苦苦伐好的木頭，經常因天然災害的影響，導致無法順利運到平地，造成不小的損失。

游祥鎮說，在他初中的時候，有一天，又因為颱風來襲，正在作業中的大卡車一個不小心被風雨吹得翻覆，好不容易伐好的木頭就這樣散落在森林之中。這次翻車讓家中的生意

血本無歸，全家人也因為這次事故而陷入愁雲慘霧裡。想到兒時對母親的思念和心疼父親工作的辛勞，游祥鎮不知不覺眼眶溼潤，兩眼泛著淚光。

雖然真實生活中總有解決不完的問題，愛看書的游祥鎮倒是從書堆裡得到不少心靈上的安慰。初中時，他對《第二次世界大戰秘史》這本書深深著迷，尤其是書中描述的船堅砲利更令他印象深刻，於是他做起了建造全世界最大戰艦的美夢，真希望搖身一變，馬上就成為頂尖的造船師。初中一畢業，他真的逐夢去了。

有一天，他看到大安高工的招生廣告，廣告裡有一排文字深深地吸引住他，那就是，學校在暑假期間會讓學生到台灣造船公司實習；也就是說，他將有機會到造船公司建教合作。帶著成為造船師的夢想，他考進大安高工，聽見了夢想離他越來越近的腳步聲。

令人期待的建教合作終於來臨，他如願到台灣造船公司實習。當時學生們被學校安排在仁愛之家，與一些獨居老人住一起。由於高職生正值愛玩的年紀，同學們閒著無聊，便在宿舍裡打起衛生麻將。老人們被小伙子吵得受不了而向派出所報警，當時游祥鎮不巧頂替一位上洗手間的同學，才坐下去沒多久，警察就來臨檢了。

由於學生們不是真的賭錢，警方後來向學生表示沒有什麼影響，直到有一天，造船公司突然向學校發布了「聚賭學生永不錄用」的公告，游祥鎮怔怔地看著「永不錄用」幾個大字後，難過得眼淚直流。他說：「台船沒有詢問學生半句話，也沒有讓學生作任何解釋，就把我們全部開除，美夢當場被摧毀，當時感覺人生像是被宣判死刑一樣。」

走在校園中，游祥鎮想著，人生的美夢已被打碎，這輩子再也進不了台灣造船公司，該好好想一想下一條路要往哪裡走。他很快地調整自己，高二那一年，他考上了台北工專。游祥鎮說：「永不錄用真的很嚇人，即使到了現在，我還做著造船的大夢哩！」

■ GO BIG or GO HOME?

台北工專畢業以後，游祥鎮到東元電機服務，生活逐漸穩定下來。原本想要在這家公司終老一生，卻因為得知台灣工業技術學院的招生訊息，令他的人生再次陷入抉擇。經過一番天人交戰以後，他決定辭去工作繼續求學。民國 63 年他考進了台灣工業技術學院（台灣科技大學的前身）工業管理學系，當時這個學校多半是工作多年以後的在職人士，或是下了多年苦功的人才考得上，但幸運之神似乎特別眷顧他，只要他努力，夢想就能達到。進了學校以後，他才發現自己是全班最年輕的學生，當時他只有 23 歲，而全班最老的學生已有 35 歲了。

游祥鎮說，民國 60 多年時，正是世界性第一次能源危

機，全世界都陷入一種非常不景氣的時局中。深知自己是一個具開創性的人物，又對當時台中地區活潑的中小企業留下深刻印象，於是畢業後就往台中發展。「由於我在學校時一直對金屬材料這門課很有興趣，再加上台中地區擁有齊全的工作母機廠，包括鍛壓、機械加工、表面處理等各式各樣的加工群，於是，促成我一頭栽進手工具業的創業行列。」

他說，民國 73 年創業，一開始非常興奮，接到一個口碑不錯的台北貿易商的訂單，「那是我第一次接獲整櫃的訂單，心裡飄飄然的。」不過，高興的心情維持不了多久，等到他興高采烈地出了貨以後，才發現貨款有收不到的危機。當天晚上，他連夜北上到這個貿易商的家門口等門，左等右等，熬到了天亮以後終於等到這個貿易商，雖然貿易商承諾一定會付錢，但時隔沒有多久，貿易商就因積欠大筆債務潛逃到美國。

游祥鎮說，這個打擊實在太大，聽到貿易商潛逃的消息後，「我終於能了解商場上流傳的一句話：『雙手捧著貨交給客戶，但須雙腳跪著收貨款。』這筆貨款占了我百分之 20 的本金，後來，為了能夠度過難關，天天和太太及員工加班到深夜才能回家，足足過了 3 年沒有看過夕陽的日子。」

民國70年代末期，台灣掀起一股可怕的土地飆漲風暴，瞬間使得工廠成本暴增了5倍以上，他當時需要擴建工廠，但中小企業無法應付動輒幾千萬的資金購買土地。他說：「我面臨到事業上一個嚴重的瓶頸，每天心裡都很痛苦，“GO BIG or GO HOME”的困擾一直盤旋在我的腦袋，仔細思索終於下定決心，要想辦法排除萬難繼續投資擴廠。」幾經奔走，終於有銀行願意提供貸款，化解他經營上的窘境。到了這個時候，他才真正體會——「我才剛剛進入社會大學學習。」

投入套筒扳手業20多年，做出上千種以上的成品，外銷的國家有日本、美國、瑞典、瑞士、德國、澳洲、英國、墨西哥、巴西等。游祥鎮說，幾乎世界上先進的國家，都可以找到他的產品。他走的路線不是大量製造，而是「小而美」，因為有創新的想法在產品裡，所以，依舊可以與以量取勝的中國大陸競爭。他目前仍舊會接下義大利、德國、法國或美國套筒扳手手工具業加工的案子，他和別人的做法不同，只要是他加工外銷出去的產品，總是打上“Made in Taiwan”的字樣，他要讓全世界知道，台灣的手工具製造水準非常高。

他說，他今天能夠把台灣的手工具業發揚光大，不是因為他強，而是台灣在螺絲、螺帽、鋼鐵等技術的共同提升，才能創造出這樣傲人的成績。這些相關的產業在台灣發展已有30多年的歷史，憑著台灣人的聰明才智，以螞蟻

搬家的方式逐漸將原屬於日本的手工具市場搶過來。「現在，台灣已成為世界手工具業的重鎮了。」他認為，台灣幸運地介在先進與落後國家之間，中間的落差剛好給了台灣一個放手一搏的機會。尤其，當先進國家人民的生產毛額是 3、4 萬美金，而台灣人民只有 1 萬多美金時，相較之下，台灣人就有了很大的發展空間。

■ 在產品中加入創意，成功打開國際市場

游祥鎮最常思索一個商業理論——利潤等於價格減去成本，現在的生意人往往陷入降低成本的盲點裡，造成大家一窩蜂到中國大陸投資。「其實，做生意不能光想降低成本，你的價格呢？如果一個普通的杯子賣 2 元，銷售情形良好，但你想要賣 5 元時，該怎麼做？很簡單，只要在杯子上畫上特別的彩繪，讓產品獨一無二，價格自然能提高，這就是台灣人要拚的創造力。」

目前台灣的廠商幾乎都往中國大陸遷移，經營傳統產業的他，如何看待這個趨勢？他表示，瑞士的國民所得很高，幾乎有 4 萬多美金，為什麼從來沒有聽瑞士的生意人說必須投資中國大陸的說法？原因很簡單，「瑞士有自己的產品形象」。產品形象靠的便是創意，「我有你沒有，我的產品就可以賣得比你好，台灣人如今只有靠創意才有機會。」不過，台灣傳統產業逐漸沒落畢竟是事實，在「前無

去路，後有追兵」的處境下，突破也要運用方法。

手工具產業過去是日本人的天下，即使和日本人合作，台灣人也沒有辦法打開手工具的祕密，日本人總把最重要、最關鍵的技巧握在手中。游祥鎮不服輸，他日夜研究，從學校教育、社會大學當中拚命地找資料，終於破解了很多日本人握在手中的精密技術。例如，過去台灣的套筒扳手不管再怎麼做，只能做出光面的產品，但是，這樣的產品不符合歐洲規格，他必須克服這項困難，才有可能打進歐洲市場。後來，他突破了困境，率先做出光面和霧面並存的壓花處理，並打進歐洲市場。其他同業追了游祥鎮 7、8 年之後，才趕上他的研究成果。

游祥鎮把傳統產業當成高科技業來經營，當許多傳統產業還停留在勞力密集的階段，他早已開始設計自動倉儲系統，只要經由電腦連線，下個指令，就能輕鬆指揮一萬多箱的成品，自動把今天要完成的產品配置好。每一個國家套筒扳手的規格都不同，有時候一天要出好幾個國家的產品，若是靠人工將零件分類、組裝，速度太慢，靠這套自動化系統，效率提升百分之百！

經營手工具業 20 多年，他永遠不能忘記因為堅持品質而得到的滿足。他說，幾年前，德國第一品牌的廠商測試他的產品，並和他簽約下單。「當時德國廠商約我在科隆展覽會場見面，並決定要下單給我，我只記得離開會場後，

一個人興奮地在路上走了很久很久，到最後才回過神來，看著天空傻笑許久。」從這次的經驗中，他終於體會到，為何謝安在得知「淝水之戰」獲勝後依舊故作鎮定狀，全然不知道自己斷屐的心情。

■ 無論太陽何時沉落，只求盡力奉獻自我

從那個台北工專畢業的小伙子，當年工作的第一份薪水，只想要替自己買一條長度能夠蓋到腳指頭的被子，到現在帶領著數十位員工為台灣的傳統工業打拚，一路走來，游祥鎮一直保有一顆赤子之心。他知道人生沒有永不降落的太陽，也沒有永不被取代的企業，但是，他永遠學習日本武士「一生懸命」的精神，對工作抱持著嚴肅的態度，只要有機會，就得好好表現。「因為不知道生命何時結束，

隨時要有受死的準備。」講這句話時，游祥鎮儼然已成了一位令人敬佩的小巨人。

以前，游祥鎮認為到他死時，台灣的手工具業還能繼續與世界競爭，如今，整個大環境急速變遷，他了解有許多因素不是他能控制的。他常常告訴太太一句話：「傳統產業會有一個巔峰期，它不像電腦等高科技業一直有翻新的機會，但是，我們可以再往周邊的相關產品再改進，讓傳統產業也能做得像高科技業般，直到有一天我們的太陽落盡為止！」

自學高手 廖文添

——以實作代替空想

吳　京：你能成為自學的高手，是什麼原因呢？證照制度在台灣的發展情形如何？

廖文添：我常常到各種單位進修、上課，由於時間緊湊，這些課程都非常精緻，不會有浪費時間的感覺，這些課程不是單單一個文憑能夠涵蓋。比如，我從南亞工專（南亞技術學院的前身）畢業前，當時學校還沒有上電腦課，我再到中原大學進修電腦，對我而言，我只要學電腦的應用就好，至於電腦的內部結構、組成和軟體設計，就不是我的學習重點，可以忽略，這是上進修課程的好處。證照制度應該推廣，因為理論和實際操作永遠有距離，如果想要結合，就非得靠證照制度的發揚光大不可。歐美國家的理論強，同時也重視證照制度，慢慢地，技術的水準會因為證照制度而提升。

吳　京：我學的是理工，邏輯感很強，有一次做節目，製作單位喊開始，我和主持人一下子對談了 50 到 60 分鐘，剛好符合他們要的時間，更令人吃驚的是，中間沒有吃螺絲，完全不需要剪接。錄好以後，他們要我講幾分鐘的刊頭語，結果短短的幾分鐘，卻因為我要背誦他們要我說的話，錄了幾十分鐘還錄不好。

廖文添：我也一樣，以我的年紀要背誦已經太難，可是，只要過程讓我操作一次就會了，根本忘不了。有一次接到一個小請託，到軍中修理水電，因為阿兵哥常常在洗澡時被漏電電到，整個軍營上上下下查不出來。後來我去了以後，查到一條電線接到水管去了，當然會被電到，2 個小時不到就搞定。阿兵哥中也有電機系的高材生，他們竟然查不到，我覺得很好笑。

走進廖文添設在家中的辦公室，一個大房間裡面放著五、六張辦公桌，令人吃驚的是，桌子和書架上擺滿各式各樣的獎牌、獎狀，包括專業證照、熱心公益、勞軍、慈善活動、職訓證書等。「看著這些獎狀、獎章和證照，就能看出我的人生軌跡，一切都要靠自己的毅力才能走出一條路來。」廖文添低著頭靦腆地笑著。

廖文添目前從事防治環境汙染的設計工程，是個話不多的人，他想說的話都展現在他的工作態度、上進自學和生活點滴中。出身世代務農的家庭，學的是機械，所以他很了解農業機械的優缺點，只要是能修改的農業機械幾乎都被他重新改造，改造之後不但效能提高，還能發揮機器原來沒有的功能。

有一次，他在家裡看著烘乾茶葉的機器閒置不用，突然靈機一動，根據茶葉在機器中滾動的原理，試著加裝一

種針狀的軟性塑膠於滾輪間，沒想到，竟將專做茶葉烘乾的機器搖身一變成為「辣椒剝皮機」。農業機械如果想增加用途，可將舊有的機器做修改，既省時又省事，還將農業機械精緻化推向另一高峰。廖文添憑藉著耐心與毅力，結合實作經驗與創新的頭腦，製造改良出高附加價值的產業機械，不愧為「正港的」技術模範！

雖然廖文添很有創意，但是，近年來農業的不景氣，讓他空有創意，創作出來的機器卻叫好不叫座。多數農民失業在家，根本無心經營，更遑論買農用機器。遇上了現實的困境，他依舊不改樂觀的口氣：「光明前程唯有靠實力，路不轉人要轉。」

■ 少說多做　以證照展現實力

廖文添生於民國 51 年，世代在桃園縣龍潭地區務農，家中的兄弟姐妹共有 9 人，大家庭發展至今，從事的行業橫跨農、林、漁、牧等領域，主要還是以農業為主。他小時候就常幫家裡種田，對於種田使用的農業機械一點都不陌生。身為農家子弟，小時候家中的經濟狀況並不優渥，再加上內向的個性，他變成了一個少說多做的人。

由於家庭環境較差，他在國中畢業以後便考進桃園農

工農業機械科，以習得一技之長。他時常幫助老師到農村實際參與修護及助割，展現他刻苦耐勞的精神，這點在當時的學生中很少見，因此，讓老師對他留下深刻的印象。民國 73 年，他又考進南亞工專機械科夜間部，花了 3 年的時間半工半讀地把學業完成。

可能是大環境使然，再加上廖文添就讀的是夜間部，半工半讀的過程使他的危機意識比別的同學還要重。退伍以後，他又以在職進修的方式先後到各大專院校、研究機構進修，接受許多更新更好的職業教育訓練課程。這些密密麻麻的教育單位列出來會讓很多人嚇一跳，直問他：「你是怎麼做到的?」

從民國 69 年到 90 年為止，統計他上過的教育課程，共計 15 個訓練單位，包括：職訓中心、中原大學、雲林工專（國立虎尾科技大學的前身)、工研院、卡內基訓練、清華大學等單位、訓練的內容林林總總、有電銲工養成訓練、銲接工程技術研習、領導力與人際溝通、網際網路實務設計與推廣、鋼鐵建材輻射偵檢人員訓練、電機控制實務等。更令人驚訝的是，他竟可以一個人囊括了六種職業證照，包括：丙級和乙級電銲工、銲接訓練員、一般手工電銲、乙級廢水處理技術員、乙級勞工安全衛生管理員。

自己開公司的廖文添表示，花時間進修，最大的好處就是技術全部都包在自己身上，即使公司沒有工程師，他

也可以二話不說自己馬上跳下去做，不用假他人之手。上教育課程對他來說，只是基本的訓練，跟著社會同步進步而已。

拿了這麼多證照，到底有什麼幫助？廖文添說：「我比較不會說話，當別人問我拿手的技能是什麼時，我就可以拿這些證照向別人說明我的實力，工作了 20 多年，我還是覺得，一個人要不斷學習，有實力最重要，再好的口才比不上直接展現成果。」由於廖文添具備多項技能，因此，只要公司發生人手不夠的情形時，他都能馬上代替工程師直接進入現場指揮，或是進行原訂的工程。

■ 伯樂不識千里馬　我就當自己的伯樂

廖文添從民國 76 年投入職場，一開始在機械公司做技術員的工作，磨了 1 年多以後，他升上助理工程師的位子，一步一步地努力向上爬，2 年多後當上環境工程公司的工程師，當時公司的人手有限，一個人常常要做 3、4 個人以上的工作量，「當時，常常被工作操到疲累不堪，負責處理的業務量實在太大。」有一次，百忙之中他不慎把材料買錯，被公司老闆誤解很深，廖文添越想越氣，認為自己為公司這樣做牛做馬，到頭來還是一場空。心灰意冷之餘便提出辭呈，31 歲的他乾脆投入創業行列，決定走自己的路。

廖文添一直覺得，如果伯樂不識千里馬，自己不妨當

自己的伯樂。他的膽子算大，決意投入水汙染和空氣防治規畫設計、施工的環境工程行業。因為他個性內斂，當時向家人表明要自行創業時，家人實在擔心他的個性不適合。因為他不會交際應酬，也說不出一句好聽的話，但是他認為自己的底子已經稍有基礎，只要有自信心，創業應該沒有問題。於是，他向友人湊足了 10 萬元，再加上一部 386 電腦，就這樣跌跌撞撞、披荊斬棘地走出一條屬於自己的康莊大道。

進行環境工程施工時，常常會有意外發生，有時候在大雨滂沱中，視線不良下，除了要注意往來的車輛外，他還要站在馬路旁施工。有時候在黑漆漆又寒冷的隧道中操作重機具；有時候是灰塵滿天飛且震耳欲聾的工地上完成工作。由於過去發生過太多工安事故，讓廖文添在施工時非常戰戰兢兢，因為，任何時候都有可能因為一個小小的失誤而受傷，甚至是喪失性命。

廖文添說，雖然每次上工前，他都會戴口罩、安全帽、防毒面具、反光背心、耳塞、雨鞋、耐酸鹼手套、照明設備等保護措施，不過，依舊有很多意外是想像不到的。有一次，他到工廠幫客戶處理電鍍廢水汙染，這些廢水他看太多了，從外觀上研判應該按平時操作的步驟即可完成，萬萬沒有想到，看起來和平常所見沒什麼兩樣的廢水，濃度卻相當高，電鍍濃度竟達百分之九十！他剛好要修理幫

浦，需要接一個管子，手指頭一個不小心觸碰到電鍍廢水，「我竟然臉色發白，全身發痲，手和腳痲痺了近 9 個小時，那時我還以為自己從此癱瘓，嚇死了！」

那次的經驗真的把工作多年的廖文添嚇壞了，於是，他馬上跑去參加勞工安全衛生管理學會開辦的管理員課程，好好地再為自己的工業安全上些課，總共花了 91 小時上完全部的課程。那次有驚無險的事件，讓他又多了一張勞委會的「勞工安全衛生管理員」乙級證照。

廖文添說，要投入環境工程的人，一定要有工作環境不佳的心理準備，有時候還不只是不佳而已，甚至可以說到了惡劣的地步。這些工作上的意外通常是由無色、無味的汙水所造成，這些汙水不是一般的液體，它們大多是強酸或是強鹼等具有腐蝕性的液體。「面對突如其來的意外，心臟不強一點都不行。」在投入創業之路後，他形容自己好像一個十項全能的運動員，要懂的領域很廣，包括物理、化學、機械、電子等，一天讀書長達 5、6 小時是常有的事，有時候甚至要通宵讀書。

廖文添很努力進修，求取新知識，原因在於他一直覺得自己有不足之處，他可說是個知識經濟的信仰者，「只要我有時間，一定會參加短期教育訓練，多方地了解。」「上教育訓練課程的最大優點是，花最短的時間獲得馬上派得上用場的知識，還有在上完課後，可以和其他上課的同學

相互討論。這樣做最大的好處就是，以後不會被唬。」什麼意思呢？像他最近已經完成公司網站的建置工程，就是因為他上過課，所以知道目前建置網站的行情，別人完全沒有機會向他敲竹槓。

拜電腦之賜，廖文添能夠全省跑透透地接工程，他的公司雖然不大，只有 5 位員工，但他所接辦的環境工程，已經可以在網站上提供許多客戶服務的項目，他想往精緻服務的路線邁進。

■ 創作改良獲楷模　身經百戰憑功夫

10 多年的創業闖盪，不管是工作或是求知上，他都不敢怠惰。民國 88 年時，因為他傑出的專業技術，被選為中華民國第五屆十大技術楷模電機電子類的當選人，並獲得前總統李登輝的召見、鼓勵。他的得獎不是偶然，而是在於他擁有實作又創新的專業精神。

不習慣空口說白話的廖文添，長期在家中農、

牧環境的耳濡目染下，對農業機械的改良、創新一直深感興趣。在民國 82 年時，他完成「汙泥脫水機濾帶結構改良」的研究，這種機器一般運用在養豬戶的糞便處理工作，但原本未經改良的汙泥脫水機濾帶常會被豬糞卡住，造成迴流率太高，經過廖文添改良以後，豬糞容易刮下，使得迴流率大為降低，糞便可順利被放置在處理者想要儲放的地方，為農民帶來更高的汙水處理效能。

更教人驚嘆的是，廖文添神奇地將烘焙茶葉的機器改裝為「辣椒剝皮機」。他是如何做到的呢？原來是他在輸送帶機器滾輪內放置針狀的軟性塑膠物，當辣椒放入機器中時，連同這些針狀物一起滾動，奇妙的事情發生了，「經過這般滾動以後，辣椒皮就會被剝開，最辣的辣椒子也會被去掉，再將這些辣椒拿去醃漬浸泡，製成罐頭，就能完成美味好吃的剝皮辣椒了。」

目前這兩種機器都已經申請 10 年的專利，只有廖文添具有這項發明的授權，不過，近幾年來碰到經濟不景氣和產業移往中國大陸的影響，不只環境工程的生意受波及，原本被看好的發明也蒙上一層陰影，令人不禁感到惋惜。廖文添卻沒有時間怨天尤人，他有信心地說：「兵來將擋，水來土掩。」還是一句陪著他走到現在的人生哲學：「只要有實力發明創新，就能贏得過明天。」

隨著台灣的經濟發展，車輛、家庭用具、金屬建材等

大量製造，台灣人民的生活水準提升，卻帶來更多居住環境、生態、空氣、水質、農作物的汙染，其中最可怕的就是水汙染。像廖文添最近承接的北宜高速公路開發案的廢水處理工作，由於開挖路經大雪山的水路，往往只要一挖，就會流出大量的水來。這些水以每小時 300 公噸的量傾洩而出，讓開發工程進行得非常艱辛。「10 年過去了，竟挖不到 1 公里。」只要開始挖就坍方，所以如果沒有事先防治水質汙染，讓廢棄的水流到翡翠水庫，將會造成重大汙染。廖文添為了這個工作，常常超時工作，「怕的就是一個不小心，汙染了美麗的水庫。」因此，只要有汙染存在的一天，廖文添的責任就不能卸下，他將會一直守在除卻汙染的崗位上貢獻己力。

■ 懂得布施　才是完美人生

小心再小心，一向是廖文添的工作守則，平常的日子他就不會這麼拘謹了。他常常參加公益活動，尤其是愛捐血助人，已經成了捐血事業基金會的永久會員。他常常覺得:「一個人的生活裡不能只有賺錢，如果沒有布施，終究不是完美的人生。」就像他在桃園農工時，常常幫助老師到農田助割一樣，這顆熱誠的心就這樣一直延續到現在。

完美先生 張建成

——靠努力贏得廠長寶座

吳　京：當廠長，壓力一定很大吧？身為最年輕的廠長，你的感覺如何？

張建成：2年多前，我還是副廠長，後來被徵詢願不願意出來當廠長時，那種感覺既喜又憂，我當時也沒有把握自己是不是能夠勝任，到了今年，還好工廠有賺錢。坐在廠長的位子才知道這個位子不好坐，壓力好大。

吳　京：工廠內人力結構如何？大學生多？還是專科生多？

張建成：我的手下中有副廠長和7位課長，我過去接觸到的經驗是，碩士畢業或大學畢業的學生到了工廠後，他們的表現不一定比專科生還要好，學位有時候用途不大，反而是做事、處事能力對工作的影響較大。我常常覺得學歷高的人，也許專業能力很強，但做事時常有施展不開的窘境，反倒是專科生俐落得多，大概是書念得越多，越是放不下身段。

「別人1個月就能畫好的工程圖，我要花5個月才能畫好，在學校時同學互相抄襲作業，一下子抄好就能交差了事，我卻得天天做到半夜3點，因為學不會抄別人的作業，一切功課都要自己來才能完成。」常常自嘲自己很笨的張建成，往往得花比別人更多倍的時間才能學會。正因為事事學得慢，所以更認真學，也才能比別人懂得更徹底。如今，他創下了台塑企業有紀錄以來，年紀最輕的廠長，一個36歲的

年輕人——張建成。

張建成的外型看起來，就像是一位標準朝九晚五的上班族，任誰都無法想像，這個年輕小伙子，已經是一位帶領著95 位員工，1 個月內替公司創下 1 億餘元營業額的廠長。他自謙地說：「自己的成功絕不是自己優秀，主要來自於三分之一的努力、三分之一的好命和三分之一的運氣。」

其實，成功從來就不是偶然，張建成的邏輯能力很強，觀念清晰，做事很有原則。當目標就在直線前方時，他就心無旁騖地朝著這條直線往前走，沒有旁門左道，也別想會產生死角。張建成說：「我最不能打破的，就是做事情的原則。」就像小時候，家中的三個兄弟都要幫忙家裡種田，每當兄弟們下田除草時，只要被他整理過的田地，必定是大草除根、小草不見，總是讓大人們無從挑剔；再看到弟弟們整理過的地，還是雜草茂盛，兩相對照下，惹得父親常常責備兩個弟弟偷懶。

■ 個性內向又木訥　時常輸在起跑點

大概是張建成個子不高的關係，一身黝黑皮膚的他，看起來怎麼都不像是民國 53 年出生的人，似乎要比實際年紀

年輕些。他在民國 69 年考進雲林工專（國立虎尾科技大學的前身）動力機械科，是學校第一屆的學生。對他而言，念五專真是一件相當新鮮的事。

「我真的比較笨，上製圖課時，每次為了交作業，經常要一筆一畫地畫到三更半夜。鄉下地方的人通常比較早睡，父親每次看到我深夜 2、3 點還不睡就有氣，會一直叫我別畫了，趕快上床睡覺。」談起求學的時光，張建成總是搔著頭傻笑。不只他笑自己，同學也笑他，很多人懶得自己畫，把其他同學的作業拿來就照畫了，張建成卻辦不到。他說：「我真的不會抄襲別人的作業，我只會自己笨笨地一筆一筆完成。」磨了 5 年，製圖課學得不錯，讓他把製圖的根基打得很深。

就讀雲林工專期間，令他最難忘的就是教化學課的黃瑞茂老師。黃老師可以說是南台灣的名師，上課從來不必拿課本，上課鐘才噹噹一響，就見他對著黑板振筆疾書。張建成說每次上課時，總是被老師的專業知識所吸引，「看黃老師黑板上教的就夠了，課本根本就沒有他上課的內容生動。」在老師的指導下，再加上自己努力學習，化學這科成了他學得最好的科目之一，也成為他日後能進入台塑企業的基礎。

張建成說：「我現在的工作是石化工業的上游，工作上用到的知識都與化學有關。剛進工廠時，對工作型態有點陌生，幸好，因為在學校學的化學基礎紮實，接觸久了以後，

便發現與學校所學能夠結合，沒有隔閡感，很快就駕輕就熟了，連自己都嚇一跳。」

張建成永遠忘不了剛踏入社會工作時，求職到處碰壁的心情。因為學校位處中南部，他又是第一屆學生，社會上很少人聽過雲林工專的名號，因此，就算雲林工專是國立學校，還是讓他的第一份工作找得很辛苦。

他知道自己反應慢又木訥，別人是從起跑點開始跑，自己一定要在別人起跑前就先跑，才可以趕上別人。因此，即使現在已經當上廠長，張建成仍不敢停滯不前。他規定自己一個月要讀兩本書，就像台積電董事長張忠謀說的：「你覺得不足時再來學習，已經太慢了！」這句話深深烙印在張建成的心裡，成為他心中永遠的警鐘。

■ 不走旁門左道　不靠阿諛諂媚

「剛出社會的我，真有如四面楚歌，應徵好多工作都失敗。」國立專科學校的光環沒能幫助張建成，令他感到十分沮喪，心裡越急越找不到工作。後來，有一家保險公司錄取了他，讓他高興得睡不著覺。他每天認真地和客戶用電話連絡，逢人就開始解釋保險概念，但是，畢竟工作性質和自己個性差太多，不善外交辭令的他，做了 2 個禮拜以後，終究因為拉不到客戶而辭職作罷。

萬念俱灰之際，張建成聽從舅舅的建議到台塑企業應徵，經過一段自我重整以後，他硬著頭皮考了 2 次，終於考進台化彰化廠。雖然考進去，不過，心中的壓力還是很大，因為缺乏自信心，他總擔心工作目標難以完成。

有一天，他與同時進廠的 2 位新人在課長的帶領下，到工廠內各部門環繞一周，一方面了解環境，一方面則是做為測試的準備。參觀完畢後，課長轉頭問 3 位新人說：「你們 3 個人說說看，工廠有什麼需要改進的地方？」這個問題提出來以後，張建成因為沒有經驗而被嚇得啞口無言，說不出半個該改進的地方，另一位同事卻能當場提出 30 個需要改進的問題點。張建成被此情此景震懾住，4 個月實習完以後，他的評語沒有其他 2 個新人好，新工作的情形似乎亦陷入泥沼中。

接下來的 3、4 年，他幾乎每天神經都繃得死緊，為了完成工廠要求的報告，不是上書店就是向別人請益，盡力克服自己心裡的恐懼。有一次，上司突然丟下一個工作，要他將一份「配管與儀表流程圖」製成工程圖，他一畫就是 5 個月，後來，上司見他畫得不錯，便再要求他依照自己畫的工程圖編列預算、購置材料和發包監工。最後，整個成品活生生地展現在工廠內，竟獲得大家的好評。他看到自己生平第

一件真正的作品被製造出來，內心百感交集、熱淚盈眶，不僅很有成就感，還重拾了好久不見的自信。

如今一晃就是 14 年，他坐到了廠長的位置，「在台塑企業中，沒有人像我這麼快就當上廠長。」張建成說著。分析自己為何能成功，他自謙說：「應該是宿命吧！我不比別人優秀，只是靠了三分之一的努力，三分之一的好命，和三分之一的運氣。」

講到工作上的信條，他突然收起笑容嚴肅地說：「旁門左道我不走，阿諛諂媚我不做。」有一次，有位保養課長為了一項工廠鐵厝的驗收工程去找他，這位課長告訴他：「工程已經拖太久了，不趕快驗收不行，只剩下一些小小的水管收尾工程，你就睜一隻眼閉一隻眼先核備簽名，讓我可以趕快交差了事，等你簽名以後，收尾工程很快就能趕出來。」張建成拒絕了保養課長的要求，他說：「我告訴他們先收尾，我再驗收，按照工作的程序做事才不會有爭議，我既是蓋了章就要負責到底，章不能亂蓋。」

他知道自己的個性不會睜一隻眼閉一隻眼，木訥的個性讓他無法奉承別人；沒有好的口才，也無法阿諛上司。但是這些特徵反而讓他成了值得信賴的人。「我知道很多人說我龜毛，也有人說我擇善固執，不管哪一個形容詞，確實都是如此。」張建成解釋自己就是改不了個性上的執拗。

現在的他帶領著 95 個員工的工廠，像個大家庭一樣。

他常常告訴同仁一個觀念：「『吃頭路』和男人當兵很像，但兩者最大的不同是，當兵不能離開崗位，工作可以選擇辭職，你可以一再地辭職，但是責任心在哪裡?」所以，他的工廠流動率不高，他用人不會單純只看學歷，只要有能力的人，在他的手下，一定可以有最好的發揮。

■家有小天使　成為凝聚家庭的寶貝

張建成白天是一個工廠的統帥，回到家裡就變成了女兒們的大寶貝。早婚的他總共有 4 個女兒，最大的女兒已快上國中，他們是個三代同堂的大家庭。回到家中，他會一如往常地捲起袖子幫父親摘水果、建豬舍，或是幫忙家務。

張建成和太太很疼愛孩子，在第三個女兒長大一點以後，他們決定要再生第四個孩子。結果，孩子生下來，卻把

兩個人都嚇了一跳。女兒的手、腳與一般人不一樣，兩隻腳沒有一般嬰兒的小巧可愛，而是腳板死貼著小腿無法伸張開來，手也無法正常的活動。現在 2 歲多了，他說：「一直到小女兒 7 個月大時，全家人才能接受她是畸形兒的事實，也在那時，她進行第一次開刀，把腳扳開來。」

小女兒的降臨，讓家中彷彿來了一位小天使。張建成說，過去他常常與父親因意見不同而爭執，與太太有衝突，和孩子之間也有管教上的問題。現在，似乎都因小女兒的來臨而化解，再也沒有一件事比疼愛小女兒、照顧小女兒來得重要。全家人都反省自己，找到了合理的位置以後，重新再出發。「因為我的小女兒，讓我在待人處世上又有了更深的體會，一件事情不再只看表面。」張建成意味深長地說著。

張建成說，小女兒需要長期做復健，他所能做的就是儘

量提供給她一個舒適的環境成長、學習，而三個女兒也都自動自發地去照顧最小的妹妹，沒有人覺得小女兒長得奇怪。看到這樣的情景，他感到很安慰，也認為自己還可以再做得更好些。

■ 期待再上高峰　做個永不被裁員的廠長

當一位廠長，可能是人人稱羨的事，但是，人們往往忽略了「高處不勝寒」的道理。在張建成還是中階主管時，同事們和他仍舊能稱兄道弟、有說有笑，當上副廠長以後，他明顯地感覺到氣氛不同，每次跨進辦公室時，同事們原本聊得正開心，馬上因為他的到來而變得鴉雀無聲。

對於這樣兩極的反應，張建成心中也掙扎了很久。後來當上廠長以後，這樣的狀況更加明顯。「也許，這是往上爬的代價。」張建成無奈地說著。對於未來的期許，他想了一想：「在工作上能有更大的成就，希望這個工廠能成為永不被裁員的工廠。」他說，一定要想辦法永續經營下去，在產業界繼續貢獻己力。

木雕藝師 楊永在

——為藝術當逐日夸父

吳　京：為什麼到了現在才開始做木雕宣傳？

楊永在：台灣很可惜，應該早一點投入文化外交，甚至可以辦木雕外交，用台灣的文化做外交工作。像我到馬來西亞、中國大陸時，都被媒體包圍，當地似乎對台灣木雕有極大的興趣。華人文化在亞洲地區有相當大的根基，例如，以一個木雕品常用到的媒材——葫蘆來說好了，不僅台灣有，它在馬來西亞也能引起共鳴，有些人、事、物可以將華人串連起來。

吳　京：你並不是科班出身學木雕的人，在短短的時間中如何練出來？

楊永在：搞藝術是一種天分，還好我是念技職體系，又是理工背景，念普通高中的話，可能就沒有辦法發揮得淋漓盡致。我一直用邏輯在體會、分析藝術，對每種感覺都用數理的方法做搭配，也就是說，我其實是用科學方法去做木雕品。

現在，我在做一件以前的木雕師不曾做過的事，就是編寫木雕教材，希望可以把台灣的木雕藝術傳承給下一代的子弟。雕刻時，我一直遵守一個原則，如果雕不出更好的表現，就不會貿然去刻，免得破壞了木頭的原味。

走進三義，滿坑滿谷都是木雕藝品，人們在這裡看到台灣本土的文化寶藏。有動物，有神像，還有近年來走出傳統

路子的後現代木雕品，滿室的木頭香味，讓欣賞的遊客們個個心曠神怡。但是，木雕藝師楊永在一點都不快樂，在他眼中，三義木雕品早已變質，外行人還沉醉於木雕品奇特的造型時，楊永在的心裡卻比誰都著急，鎮日眉頭緊蹙。因為，三義賣的木雕品中已經有七、八成被中國大陸的木雕品攻占，如果台灣的木雕藝師們再不努力提振本土作品，很快地，三義這個地方就要改名為「三義一福州城」了。

濃眉大眼、個子不高的楊永在，雖然只有 30 多歲，頭頂上原本濃密的黑髮，在這幾年卻被木雕創作消磨掉不少。他自己對外表的改變倒是滿不在乎，既然濃髮慢慢地從頭頂掉落，他乾脆蓄起山羊鬍，讓髮與鬚在一落與一生之間，自有平衡的智慧。民國 81 年，楊永在的作品「多子多孫」得到「台灣省木雕藝術創作比賽」第一名；到了 83 年時，作品「初春」又得到文建會頒發的「民族工藝獎」；民國 87 年時，又以作品「生機」榮獲文建會頒發的「第一屆傳統工藝獎」。短短的六年中，囊括數項木雕藝術大獎，木雕界人士無不嘖嘖稱奇，大家將楊永在看成奇葩，還稱他為「木雕藝術三冠王」。

儘管拿了這麼多獎，他的臉上卻鮮少露出笑容，每次看到他，兩道烏黑濃眉總是糾成一團，眼神則銳利地凝視遠方。

問他為何如此愁苦？難道得了那麼多獎還不高興嗎？他回答說：「英雄出少年有時不是好事，成名太早反而成了尾大不掉的包袱。」日子總是要過下去，往往在創作碰到瓶頸時，他就會自我安慰著說：「這一切都是自找的，都是自己作繭自縛，人世間哪一樣事情不是自找的？誰教我是一個終日追逐太陽的人？」

■ 放棄光明前途　投入夕陽產業

楊永在成長於嘉義縣新港鄉，父母親是老實的務農人，從他有記憶開始就是在農村的環境中長大，算是一個莊稼漢。台灣在民國 60 年代時，物資還很缺乏，常常天還沒有亮，楊永在就被大人叫起來到農田幫忙，有時候是除雜草，有時候是做些瑣碎的雜役，以賺取微薄的零用錢來貼補家用。然而，在這段期間中，大自然裡的一草一木、一景一物，已經在他小小的心靈紮下根基，為他日後的藝術創作奠定磐石般的基礎。

家人一直企盼他能學到一技之長，以脫離辛苦的農村生活。民國 71 年，他不負眾望，考取東方工專（東方技術學院的前身）電機科。在當時，考上電機科等於向世人宣示著，自己的未來將飛黃騰達、一帆風順。即使他常自嘲自己是孤僻的人，但民國 76 年畢業時，他仍然拿到了學校五年全勤獎、操行成績第二名、學業成績前三名、社團服務獎、宿舍

幹部服務獎。

手中握著大大小小的獎項，家人、同學和師長正以期待的眼神看著他退伍步入社會，走入人人稱羨的電機行業，沒想到有一次他到三義玩，玩了以後就留在三義，把三義當成家了。他說：「受到哥哥和姐夫從事木雕的影響，我也愛上了木雕藝術，只是一直不敢向旁人承認，後來退伍後決定先在三義玩個 3 年就好，再回到自己的電機本行去。誰知道，一玩就是 10 多年，現在已經是半身沉浸在木雕品中，任誰也無法拔走了。」

小時候每每寫到「我的志願」這個作文題目時，楊永在總是希望能把家建在農田附近，像個農夫般，過著「晴耕雨讀」的生活。念了專科以後，學校的課程中，學得最好的是工業電子、工業配電等，他便知道未來的生活將會和他的志願不同。

楊永在真的有些小聰明，他將電機科所學的車床、鉗工或是機械原理等技術，應用到做木雕的工具上。傳統的木雕師拿著銼刀一刀一刀地向木材挖去，最後雕出自己要的成品。他結合電機科的學識，以電鋸雕刻木頭，不只是電鋸而已，他利用所學的鉗工技術，自己磨出電動刻模機的刀頭。這些刀頭各形各狀，有尖的，有圓的，有長柱形的，有肥厚狀的，這幾年創作下來，光是這些不同的刀頭，就已經消耗掉上千個了！

楊永在說:「需要是發明之母,一般木雕品給人沉重的感覺,拿電鋸可以做出來,但當我想要雕出一隻輕盈的蝴蝶時,

傳統的刀頭卻沒有辦法做到,所以,只好自己思考要如何突破,到最後只得自己磨刀頭,設計出自己想要的工具,才能把創作完成。」此外,傳統藝師的工具已經不符合時代潮流,如果照他們的做法,完成一件作品可能得花上半個月甚至一個月的工作天數。現在,利用這些改良後的雕刻工具,讓他能更快完成一件作品。一件吊在牆面上的圓形荷花淺雕品,只需要半天的時間就能完成。當然,這是他拿著電鋸做木雕做了 10 年以上才能達到的功力。

■ 不蹈前人窠臼　以創意「絲瓜」一炮而紅

民國 78 年,剛退伍的楊永在憑著一腔熱血,跟隨自己的心意從事木雕,當時師長們聽了都嚇一跳,第一個反應就是:「前三名畢業的楊永在怎麼了? 正正當當的電機工作不找,怎麼要投入死氣沉沉的木雕藝術呢?」懷抱著圓夢的心情,他不顧別人看法地投入,看著到處流行的神像、吉祥動物等木雕品,他知道再這樣發展下去,三義的木雕最終會沒落的,於是,他暗暗在心中下了一個決定——「不要走別人

既有的道路，我要創作，要走自己的路。」

這個決定下得容易，如何走才是自己的路，楊永在其實還很懵懂。還是個學徒的他，每天在現實和創作之間痛苦地拉扯，一天工作超過 18 小時，白天為神桌或木製品磨砂紙，做著微不足道的加工工作，到了下班後自己的時間，就刻一些接近自己理念的木雕品。由於一天握刻刀的時間實在太久，隔天早上起床時，手指頭都僵硬得施展不開，他得用一隻手先扳開另一隻手的指頭後，再用扳開的手去拉開另一隻蜷縮的手。老師傅看見楊永在雕的木雕品，非常嗤之以鼻，笑他說：「少年仔，做這款東西，肚子會餓死，趕快回頭吧！」

被嘲笑還好，最痛苦的是一個人在異鄉時的思鄉情緒，常讓楊永在快要崩潰。他常陷入家鄉的田園、花草、昆蟲的冥想，為了排解思鄉情緒，後來乾脆在工作場所附近種植絲瓜，藉由對植物的觀察、素描、寫生和照相，精進觀察力，進而擴大創作的空間。他深愛田園風光，腦袋中漸漸察覺到所謂的「走出自己的路」，就是要師法大自然的一切，以自然為題材，用刀工來展現作品的生命力。雖然逐漸對木雕有所體會，但是楊永在撐到第三年時，幾乎已經身心俱疲，盤算著要回電機本行了。他說：「那個時候才了解，『再大的興趣，都會被生活壓力消磨殆盡』這句話的意涵。」

一個意外的獎，成為楊永在人生的轉捩點。民國 81 年他得到「台灣省木雕藝術創作比賽第一名」，楊永在說：「這

個獎來得讓我措手不及，還在吃驚之餘，我的人生卻又快速轉折到另一個階段，又重新燃起對木雕的希望之火，而這火一觸即發，到現在還旺旺地燒著。」

這個得獎的作品是「多子多孫」，正是以絲瓜為主題來表現。當時老師傅看到他的得獎作品時仍舊非常不以為然，

大家疑惑的是，木雕師一向都是刻神像、動物，從來沒有人會去刻絲瓜，怎麼會有傻瓜刻出絲瓜呢？更不可思議的是，刻絲瓜竟然還會拿到獎，這在木雕界引起極大的轟動。就這樣，絲瓜成了楊永在的首創，他刻出醜陋不堪的枯老絲瓜，在老絲瓜正瀕臨死亡的時候，枝頭竟又冒出了新的嫩芽，象徵著老瓜的歷史任務已經完成，新一代出生了，要繼續承接絲瓜的生命。楊永在說：「生命的終點不是結束，而是另一個階段的開始。」

令人意想不到的是，絲瓜因楊永在一炮而紅，不只在台灣木雕界造成震撼，到對岸投資的台商，也要求中國大陸的木雕師傅不要雕神像，改雕絲瓜。結果，大量以絲瓜為主題的木雕品從四面八方湧入三義，造成一股絲瓜風，這樣的結果是楊永在始料未及的。不可否認的，絲瓜的確為楊永在帶來了名與利，但最後卻變成了他的夢魘，他一心一意地想逃

離絲瓜，拒絕再雕絲瓜作品。

■ 是宿命？ 是作繭自縛？

走進楊永在長條型的工作室，空氣中飄散著木頭香，原以為木雕師的工作室必定像雜誌介紹的那樣舒服而光鮮亮麗，不料，一下子兩腳就被埋在成堆的木屑中，各式木頭堆放在地上，放眼望去整個空間像個小垃圾山。絲瓜作品成了他的桎梏後，他清楚地知道，創作如果登不上另一層境界，就會被滿坑滿谷的陳舊作品所淹沒。所以，趁著文建會計畫邀集一時之選的木雕家聯合展出「新世紀木雕藝術創作——采風展」的機會，他下了一個決定，開始閉關創作。

關在只有一張床和雕刻工具的工作室裡長達半年，他不見朋友、不與妻兒相聚、不接電話，過著與世隔絕的日子。每天眼睛睜開就是創作！創作！創作！牆壁上用粉筆寫著滿滿的字句：「無欲則剛，無求則強」、「突破！做自己不敢做的事，做自己做不到的事」、「將美麗留給世間，痛苦留給自己」、「突然間發現自己像蝶一般痛苦地活著，只為將美麗都留給世間，又像蠍一般做了許多傷害自己又傷害周遭之人的事」、「幻想破滅是成長的開始」，記錄下他創作過程的痛苦。

楊永在的閉關創作，讓親朋好友對他產生不解和誤會，大家的疑惑是：「都已經闖出名堂了，楊永在為什麼還需要過著閉關創作的苦日子呢？只要再賣受市場歡迎的木雕品不

就得了?」楊永在的媽媽也氣憤地遠從嘉義到他工作室的鐵門外罵他:「你是頭殼壞去了是不是?」楊永在還是不出來,一逕地專心雕刻,咬著牙去挑戰、突破自己的舊思維。

忍著思念妻女之苦的楊永在,為了創作,咬緊牙根紋風不動地雕著,他一個人就這樣一直關到作品都做好了才步出工作室,第一眼見到陽光,緊閉已久的嘴角終於微微上揚,想到這件事還有氣的楊太太無奈地說:「誰叫我嫁給一個藝術家,認了吧!」

這段閉關歲月沒有白費,楊永在把自己的木雕品推向另一層意象的境界,用不同的木材材料搭配創作出一件件作品,並利用更多樣化的表現題材,例如:蝸牛、蝴蝶、螳螂、手掌,讓自己的作品更具有生命力。楊永在說:「蝸牛象徵著人背著沉重的殼,就算脖子已經拉長得變形,牠依舊要向上爬。」而走向意象以後的代表作「宿命」,利用黑柿木和黃楊木,一個黑與白的對比,從手中握著一隻蝴蝶,印證出人在手的收放之間,自然能夠找到像蝴蝶般的人生真諦。

楊永在永遠沒有辦法忘記那段閉關期中,累了就睡、醒來就雕的日子。原來,當一個藝術家把自己的物質欲望降到最低時,才能爆發出驚人的創作力。睡在睡袋裡,躺在破床上,他依舊感到生命的無限與美好。當拉開工作室的鐵捲門,

聽到女兒打來要他回家的電話時，他痛苦地滴下了男兒淚。他常說，藝術家和神經病之間唯一的差別在於，當一般人用飲酒，或是做瘋狂的舉動來發洩負面能量時，藝術家卻可以將負能量轉化成永世長存的藝術創作。就像宋代文學大家歐陽脩，如果沒有被貶官，他可能只能成為政治家，而無法爆發出文學大家的驚人能量。他常在想，對創作不斷地突破，到底是藝術家的宿命？還是只是自命不凡的作繭自縛？這個問題老是在他的心底糾葛掙扎。

■ 延續台灣木雕　為後代子孫留下藝術瑰寶

前幾年文建會主辦的「國家工藝獎」一等獎疑似非得獎者親手所做，地方人士都認為該作品根本是拿中國大陸木雕師傅的作品來參賽，於是向文建會發出嚴正的質疑，楊永在正巧就是代表木雕協會提出質疑的一方。不料，有一天，當楊永在從工作室出來，準備帶著女兒和兒子回家時，突然遭到三位不明人士拿著鋁棒一陣亂打，從頭部、身體到手部，都受到攻擊。楊永在當場血流如注，兩個孩子也受到極大的驚嚇。

事件現在已經平息，問他現在還會不會害怕？他說，雖然那次傷勢慘重（木雕師的手受傷是一件很嚴重的事），但如今雲淡風清，做事反倒輕鬆，「反正已經有被打的經驗了。」

最近，木雕品越來越難做，木雕師傅越來越難生存，很多優秀的老木雕師逐漸凋零，年輕有潛力的木雕師傅則是紛

紛改行，有的去賣臭豆腐，有的去加油站打工，有的去學算命，有的為了生計，不得不擱下自己已是師傅的面子，到較大的木雕工廠做學徒的工作。看到這些改變，三義的木雕師傅感嘆，台灣的木雕藝術已經是夕陽工業，若再無人拯救，恐怕會慢慢消失。

為了搶救木雕藝術，楊永在正與三義木雕協會齊力規畫如何穩住木雕師傅和台灣木雕業的基本架構，未來，為了提供消費者保障，將會建立起一套木雕藝品的認證制度，讓消費者可以清楚知道自己買的木雕是真品還是假貨。雖然他知道這樣的認證制度出來以後，等於是公開得罪人，但為了世世代代的子孫，他說：「就算被『蓋布袋』，大家也要繼續走下去，沒有勇氣衝破黑暗的人，永遠看不到太陽！」

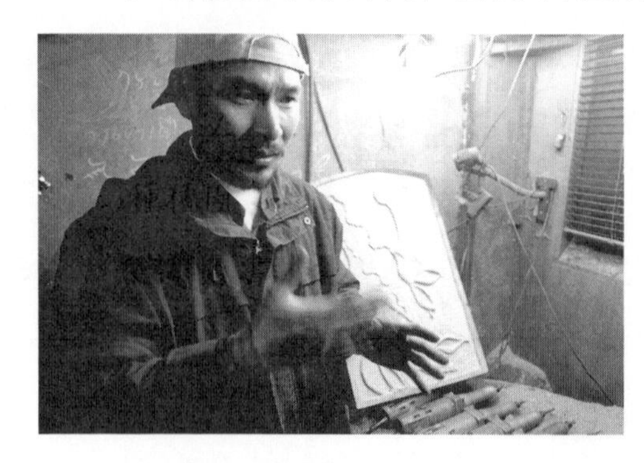

拚命三郎 梁志忠

——致力搶救古文物

吳　京：從技職的路子出身，嶄露頭角的事業卻不在自己的本業，而是在搶救古文物的領域做出了興趣，你怎麼看待技職教育？

梁志忠：我從事的是塑膠業，塑膠製品取代了過去古早年代使用的陶土製杯皿、食器；但是，塑膠製品畢竟沒有生命，看不到時代的記憶，也讓人無從回憶，所以我慢慢地就愛上尋根的感覺，開始做古文物的蒐集和保存工作，反而在這塊領域做出了一片天，比做自己的本業更有衝勁。

現在回頭去看技職教育，其實有一種感謝。因為在學校所學，讓我知道不管做什麼行業都要戰戰兢兢，都要全力以赴。也許做的行業並不是學校學的的科系，但是都該努力吸收新知。和古文物相處下來，我覺得人該學習謙遜，不能太功利，該懂得回饋給社會。

吳　京：現在全世界都在講地球村，貿易已走進WTO的時代，如果總是說保留古文物，會不會有太狹隘，太缺乏世界觀的感覺？

梁志忠：這只是一種猜測，其實，現在的孩童透過鄉土教學的課程，可以了解自己鄉土的文化，包括人物、古蹟和歷史等。對自己越了解越能夠認清自己所在的位置，擁有歸屬感，才不會有國家認同的危機，才

能夠在世界占得一席之地。

「喂！喂！等一下！等一下吶！開挖土機的司機大哥，等我一下，等我把這些陶甕、石臼都撿完後，你再開始拆四合院……。」捲起衣袖的梁志忠，不管別人的嘲笑，一個人滿頭大汗地進出即將被拆除的老舊四合院，把還來得及搶救的古文物一一搬回家收藏。

別人眼中的「怪人」梁志忠，他愛別人的家甚於自己的家，常到別人家撿古物，老婆起初會因為他到處「撿破爛」而很不高興。十幾年前開始搶救古文物時，不少鄉里群眾在一旁抽著菸、抖著腳罵道：「哦！這個瘋子又來了！」如今，有一群人，一群南投在地關心文物保存的義工們跟著他，揮去頭上冒出的汗珠，在無數將被拆除的四合院搶進搶出，成功地搶救了一旦遭破壞就無法還原的古文物。現在，像梁志忠的行徑已不再被視為「瘋子」，南投地區有越來越多人關心古文物的蒐集工作，甚至成立了「南投縣民俗文物學會」，打算以民間的力量來保護古文物。

一般人是「識人無數」，梁志忠卻是「識寶無數」，十多年來從事各式各樣古文物的蒐集，從南投陶開始，到現在的字畫、日治時代的公文書、古家具、石器等，蒐羅的古文物無所不包。梁志忠隨手拿起被人家丟掉的陶甕，眼神流露著不捨，他說：「難以想像這個甕是在日治時期以前就有的，也就是說，這個看起來不起眼的甕，已經年近百歲，比你我都老。」

他看過、摸過的稀世珍寶不計其數，也蒐集了上千件的古文物，他最高興的一件事就是現在大家不會把他當作「瘋子」。他覺得，只要能夠為後代子孫留下的歷史見證，都要想盡辦法把它們蒐集過來。「有很多事情可以一再重來，錯了可以再做一次；但是，對於先民遺留下來的寶物，我們不珍惜，誰會珍惜呢？不趁著毀壞前搶先一步保存起來，以後想再見比登天還難。」梁志忠語重心長地說著。

■ 自幼耳濡目染，養成愛物惜物的習慣

現為「南投縣民俗文物學會」理事長的梁志忠，民國45年出生在草屯，祖父在日治時期曾經做過保正，經營過磚窯廠、製材所、碾米廠。從小接觸到的都是傳統事物，又因家中常有古文物的擺飾品，耳濡目染之下，造成他十足的懷舊個性，也讓他自然而然地擁有愛物惜物的觀念。包括國小課本、寄藥包、宣傳單、歌譜、月曆、牌子等小東西，他一概捨不得丟棄。

梁志忠說，小時候家裡開雜貨店，從小在草屯的菜市場長大，各行各業、形形色色的人都看過，是個道地的菜市場囝仔。市場裡有時候擺各種小吃攤，有時候來一群雜耍的人，有時候是殺蛇的業者。好奇的他，常常會在市場中看著熙來攘往的人群。由於比一般人更早接觸到商業行為，他反而不喜歡生意人斤斤計較的個性。當梁志忠開始以個人力量投入

文物保存工作時，很多生意上往來的朋友都罵他：「你是頭殼壞去了嗎?」

民國 60 年，梁志忠考上南開工專（南開技術學院的前身）電機科，當時台灣的經濟正在起飛，許多房屋、工廠都將要動工，他說：「為了謀取一技之長，我選了技職之路，比較有前途，未來畢業後可以馬上投入就業市場。電機是很多工廠的基礎，所以一頭撞進了電機科。」

回想起學校的點點滴滴，他說：「南開工專的自由風氣對我的影響很大。」這個學校是個沒有圍牆的學校，很多事情都讓學生自我要求，像當時學校成立福利社，沒有人負責賣，學校只在每樣商品上面標價而已，交易時由學生們自己投入該付的金錢，也自己找錢。還有一幅讓他至今難忘的畫面是，當時的校長顧念先先生，一向勤儉治校，不只上下班騎腳踏車，平時看到校園裡的草長了，便自顧自地戴著斗笠操作除草機除草，「學生看到校長親自除草都嚇了一跳。」

當時，不少學生都住校，學校為了能延長宿舍用品的壽命，花了很多心思。比如學生睡覺的床，是用水泥打出來的，如此一來，便能學長傳給學弟，學姐傳給學妹，一代一代地傳下去。學校生活的點點滴滴讓梁志忠對「傳承」這兩個字有了些許概念。

■ 別人棄如敝屣　我卻珍同拱璧

民國 67 年退伍以後，梁志忠因為家族的關係投入塑膠袋製造業，當時，塑膠袋的生意很好，每個月光是外銷出國的訂單就接也接不完。塑膠袋可以應用的範圍很廣，比如鞋子、皮包、手工藝品、手套等，都是 20 多年前外銷的主線商品，這些外銷品需要塑膠袋包裝，因此，梁志忠的生意可說是越來越穩定。

由於石化業的快速發展，塑膠製品亦多樣化，老一輩生活中愛用的陶碗、陶甕等物品，隨著塑膠製品的推出，漸漸被淘汰、被取代了，從事塑膠產業的梁志忠卻回過頭重新尋找，尋找已被取代了的古陶器，他說：「就像是尋根吧!」

20 年前的某一天，他從自己的工廠旁邊經過時，看到巨大的怪手正朝向羸弱無助的古厝駛去，屋簷下一排排的陶甕已經被砸碎，眼看著就要將石杵和石臼搗碎時，他突然跑到怪手前叫司機停下來，還質問司機說：「為什麼不先把古物留下後再拆呢?」司機回他：「瘋子，連屋主都不想要的東西，你管什麼? 再說，留這些沒有用的東西做什麼?」於是，梁志忠當下向屋主買下這些古物，屋主覺得奇怪，這些破爛竟然還有人要撿。這是梁志忠第一次掏腰包買古物，他說：「我當時只希望有一天能夠向世人證明，這些物品絕不是破爛，而是世上的無價之寶。」

常常接觸古物，梁志忠被訓練得活像是古物的「星探」，只要誰家的寶貝被他瞧見了，他就能夠分辨出是否是具有價值的古物。他說：「說來也許很多人不相信，我常常走在路上也能看到寶物，好像從天上掉下來一樣的神奇。」有一次，梁志忠像平日一樣走在路上，看到一個在賣舊報紙的老人，他看了一眼突然叫住老人，老人問他做什麼，梁志忠告訴他要出錢買下拖車裡整籃的破爛，老人瞪大眼睛說：「奇怪，我撿破爛那麼久，就沒有遇過有人願意出錢買破爛的……。」

梁志忠說，那天以稱斤論兩的方式向老人買下的破爛貨，竟是台中地區二二八事件的相關史料和報導，其中還有一份「二二八事件的處理方針」，裡面記載著被逮捕到的二二八事件「要犯」，其中明確地記載著犯人的職業、姓名、地址、年齡，還有軍刀、手榴彈、38 式步槍、輕機槍的數量。「翻著這些史料，我真的很心痛，為什麼原來的主人要這樣對待先民的遺產呢?」梁志忠輕嘆一聲：「這些還是有幸被蒐羅到的，絕大多數的古文物就是這樣一車一車地被丟掉了，我們要到哪裡再尋找先民過去的足跡呢?」

剛拿到這些二二八相關史料時，他根本不敢拿出來，由於紙張已經快要破掉了，所以他拿給專人一張一張地重新整理過，盡他最大的可能保存下來。這幾年政治風氣開放，梁志忠才敢把這些史料「亮」出來。這些史料除了在地方展覽

時公開過之外，國史館也多次向他商借過。

■ 從破瓦頹垣中搶救古文物

梁志忠從民國 82 年成立「南投縣民俗文物學會」以來，所遭遇到的最大挫折，莫過於民國 88 年發生的九二一大地震。由於南投地區整個像是被翻攪過了一樣，好不容易通過層層考驗而保存下來的古蹟、古文物，在那一秒鐘之內全都應聲而倒。那一段時間，他瘋狂地跑遍南投、草屯等中部地區的古厝，把還來得及撿的、蒐集的古文物趕快抱走，天天不知道要多少次向怪手司機大喊：「等一下！」

「九二一大地震後，中部地區的民眾陷入愁雲慘霧中，處理經濟、斷垣殘瓦的問題都來不及，誰還有空閒管古蹟不古蹟呢？」雖然如此，梁志忠還是硬著頭皮去阻攔，部分古厝的後代子孫根本不想再保有這些祖先留下的產物，一心只想趕快賣掉分錢分家了事。於是，梁志忠只得聯合地方力量向文建會陳情，最後文建會花三、四十萬元買下古厝的地上物，待學者把古厝裡的文物都保存起來後，才讓古厝的後代子孫進行拆除、賣地的工作。

剛開始蒐集古文物時，梁志忠不只被外人罵「瘋子」，因為他常常愛撿一大堆「廢物」回家，太太就會跟他嘔氣，認為他太無聊，每天無事可做才盡做這些「五四三」。經過他不斷地溝通後，太太終於認同他這種「愛別人家勝過愛自己的家」的行為。

南投的鄉親們看見梁志忠這樣一件一件地蒐集古文物，辦古文物展覽後，漸漸被打動了。當他看到阿公、阿媽帶著孫子到展場中，詳細地對孩子講說：「這是早期的人用的筷籠，這頂帽子是日本時代的人戴的膠帽⋯⋯。」他心中就有無限的感動。為了這些感動，毫無抱怨地一場一場展覽辦下去。「到現在，不只我在蒐集古文物，很多人也開始像我這樣做。」

梁志忠說，有個朋友有一次跑來告訴他，家中放在角落的一對舊燭台，本來要拿去丟掉，就是因為看到古文物展覽會場上，有一對類似的燭台，回到家後趕快從地上再撿起來，重新整理擦拭後拿到客廳擺放，就成了最閃亮的裝飾品。他聽了以後，心中充滿一股暖意。20 多年來，證明了他走上一條對的路。

最令他窩心的是，民國 90 年底，文建會辦了一場名為「大家來展寶」的活動，在他與地方人士的合力協助下，引起民眾的熱烈回響，總共收集了來自各方上百件的傳家寶。有三寸金蓮、理髮工具箱、提籃、七層塔、熨斗、竹夫人、賽璐珞枕頭、粿模、門簾、小秤、燉肉鍋、糖果盒、舊門牌等。梁志忠說，看到這些差一點就被丟棄的文物，能夠一躍成為每個家庭的傳家寶，真讓他既興奮，又感動。

■ 甘心成為永遠的「守舊派」

走進梁志忠的家，會以為到了古代，四處可見到古甕、太師椅、古鐘、石臼、老照片等。他說：「這些古文物不會說話，可是當我們去了解它們時，它們從不吝嗇告訴我們當年的美好時光。」看來，這一輩子，他樂當一個永遠的「守舊派」。

他除了號召志同道合的朋友組成「南投縣民俗文物學會」外，還成立「草鞋墩文物史料工作室」。對梁志忠來說，平日工廠的收入只要夠生活就好，其他的時間幾乎全投入文史工作的義工行列，他相信只要投入的時間越多，民眾就越有保存古物的觀念。

每每想到地方上家世越顯赫的人，越不在乎前人留下的遺產，想盡辦法拆掉古厝時，他的心中就有無限痛楚。「也許歷史有時候會跟人開個玩笑吧！」他安慰著說。他只希望藉由地方人士努力提倡保存古物的觀念，能不斷地給大家刺激。「後代子孫要了解先人如何披荊斬棘，回首來時路，當會更珍惜寸寸土地發出的芬芳。」

發明大王鄧鴻吉

——立志挑戰愛迪生

吳　京：發明是一件很了不起的事，在美國曾經有一項發明，就是設計讓汽車的雨刷不會一直刷，而是刷一下等了幾秒之後再刷，結果，這項發明讓設計者得到極大的利益。通常你的發明，是如何取得利益？

鄧鴻吉：像 BMW 的車子，雨刷分成 4 段，雨勢大雨刷就快。現在我正在寫軟體，以後所有的車子都可以用得上，都可以像 BMW 車子的雨刷般有分段的速度，未來，雨刷軟體寫好以後，我可以賣斷專利，也可以收專利金。

吳　京：你若是念普通學校的話，能不能像現在一樣有發明能力的發展？你為什麼會有想要動手做發明的渴望呢？

鄧鴻吉：我常常到學校演講，講述發明的重要。現在在台中的明道中學講授「發明與創作」課程，和學生互動的結果，常常發現學生有很多寶貴的創意。例如，有位學生每次寫毛筆字時，因為毛筆要甩水而感到很不方便，後來他發明了一種裝置可以幫助甩水，如果申請到新型專利可以賺到不少錢。我認為帶著學生到模具廠做出結果，能激發他們動手做的渴望，等到學生把成品做好去參展，自然會有買主主動來接洽。

「哦！6 個月大的兒子又流鼻涕了，沒有關係，老婆，

看我的厲害，坊間的吸鼻器不夠看，不良的設計竟然叫我們大人在吸出孩子的鼻涕時，順便把鼻涕吃進嘴裡，太噁心了！我創造出一個電動馬達吸鼻器，以後，孩子的鼻涕都吸進機器裡了。」鄧鴻吉正得意洋洋地向老婆邀功，靠著自己的創意又完成了一件曠世奇作。未來，這項新產品會註冊專利，賣到有小兒科的各大醫院和診所。

發明，對鄧鴻吉來說，就像吃飯一樣的自然。一般人買到不合用的產品時，通常是向朋友、家人抱怨一番，然後就丟在家中的某個角落冰凍起來；但鄧鴻吉不是，他會瞪著大大的眼睛，拿起設計不良的產品東看西看、拆卸、了解構造、發現問題所在，再依照自己的分析改良出一套全新的產品。他從來不像一般人只停留在抱怨階段，反而對眼前所見的不良品抱持一顆感恩的心。因為這些物品的缺陷，才讓他有努力改進的動力。一件劣質品對一般人來說如同糞土，但在他

眼中，劣質品卻是價值不菲的黃金。事實證明，他的努力的確讓許多糞土變成黃金。

普通人家中的櫃子，多半用來裝書或是小飾品，鄧鴻吉的家卻和別人不一樣，一片牆整個被玻璃櫃占據，櫃子內則塞滿各式各樣的獎盃和獎牌。林林總總的授獎單位讓人看得眼花撩亂，有些寫中文，有些寫英文，有些寫匈牙利文，甚至還有寫簡體字的獎牌。

■貧困童年　加深努力學習的意志力

鄧鴻吉很年輕，民國 53 年出生的他，已經當過國大代表，更重要的是，他代表台灣連續在民國 82、83、84 年分別得到美國「匹茲堡世界發明展」、德國「紐倫堡世界發明展」和美國「匹茲堡世界發明展」的高科技獎第一名，可稱得上是「台灣的愛迪生」。因為他在國際的發明展中表現太優異，甚至引起德國政府的注意，希望延攬他擔任德國政府的「科技顧問」。不過，鄧鴻吉卻拒絕了，理由是，他是台灣人，只想為台灣好好地做事，推廣創意發明。

鄧鴻吉是南投縣人，在彰化出生，外曾祖父曾經是晚清進士，之後卻家道中落，再加上父母親在他國一時離異，兄妹三人跟著媽媽過生活，一連串改變嚴重地打擊了他，更影響了他未來所走的路。

國小時，因為父親工作的關係，常常得南北搬家，四處

轉學，光是國小他就讀過 4 所學校。父母離異後，媽媽一個人擔負起扶養三個孩子的重擔，生活非常貧窮。「那個時候，我正值發育期，但是家裡沒有錢，到學校前吃完早餐後，便沒有餘錢再買食物吃，我瘦得只有 38 公斤。每天中午同學們吃著香噴噴的便當，我怕被發現沒得吃，只得趕快跑到飲水機，大口大口地喝著免錢的水，直到肚子撐得像青蛙肚時才停下來。」隨時頂著「青蛙肚」的鄧鴻吉，放學回家後，得等到媽媽下工回來，才能吃一天中的第二餐。

看到媽媽辛苦地工作，他從不在媽媽的面前掉下一滴眼淚。每當遇到同學的譏笑或是鄰居鄙夷的眼光時，他總是強忍住淚水，等到晚上媽媽、哥哥和妹妹都睡著了，才一個人偷偷哭泣，眼淚常常和他相伴入眠。還記得住家附近有一個同校的女孩子，因為年齡相仿喜歡來找他聊天，談一點學校的功課，但女孩的父母卻禁止她，叫她不准再到他家去，免得被貧窮人家的孩子沾惹上。他知道這件事以後，偷偷在心裡下了決定：「有一天，我會成功，會教每個人對我刮目相看。」

不過，儘管下了巨大的決心，依舊敵不過現實生活的壓力。因為長期營養不良，國二的某一天，他和妹妹在家中餓著肚子等媽媽下工，鄧鴻吉只記得自己一直沒有力氣從床上爬起來，後來勉強爬起來，神智依然恍恍惚惚。他如「遊魂」般的走路模樣被路過的鄰居看到，鄰居心中一驚：「大事不

妙，可能要鬧出人命了！」趕緊通報當時的里長林德源，里長飛快地向里民募集了一大袋的米，送到鄧鴻吉家去，正巧碰到他母親回來。

里長怕刺傷他母親的自尊心，於是把肩上扛著的米卸下來，溫和地看著一家子的人。鄧鴻吉說：「我永遠記得里長當時說的一字一句，他說：『這是鄰居給你們的禮物，妳要勇敢地把孩子養大，讓他們好好為社會做事情。』」當時，媽媽傷心地失聲大哭，他卻餓到沒有力氣去安慰媽媽，只能陪著拚命流眼淚。既然老天沒有讓他餓死，鄧鴻吉決定靠著強大的韌性去完成上天賦予他的使命——發明之路。

巧合的是，這位當了快 20 年里長的林德源，竟在鄧鴻吉日後選上第三屆國大代表時，成為他辦公室的主任祕書，這位熱心助人的里長說：「我一輩子都想不到，那個 10 多年前被我救濟過的囝仔，竟然可以在日後成了台中市最年輕的中央民意代表。」

■ 斷手開啟發明之路　媽媽是最好的啟蒙老師

鄧鴻吉從小就對機械和電子類的產品、玩具著了迷，整個房間裡充滿著各式各樣不同物品的「屍塊」，全都是被他拆卸下來的半成品。有些是純粹好玩，拆下來看內部結構；有些是想要修理，拆完後卻裝不回去；有些則是把可以用的半成品組合成一個能動能走的「四不像」。由於媽媽看出他

對拆裝物品的興趣，只要出外打工，看到地上人家不要的玩具，她就會撿回來給鄧鴻吉，丟下一句話說：「玩具壞了，看你能不能把它修好。」其實，沒有餘錢買玩具的媽媽，正是利用這種方式，啟發鄧鴻吉學習的心。

他說：「真正影響我這一輩子最深的人就是媽媽，她是我的發明啟蒙導師。」有一次，媽媽存了很久的錢，終於有能力為家裡買一台彩色電視機。他瞪著電視裡劇情的發展，看到電視中有白天和黑夜的變化，覺得奇怪，想看看電視機是用什麼方法把白天和黑夜「變」出來的。

於是，他動手拆掉才新買來的電視。正在研究內部構造時，媽媽回家了，鄧鴻吉看著滿地的零件，心想：「糟了！要被罵了！」卻只見媽媽平和地說：「怎麼拆下來的，就怎麼把它們裝回去。」於是他慢慢地把電視零件一個一個地裝回去，電視依舊可以收看。這件事讓他開始對自己的研究能力有自信，「原來，我也能裝好一部電視機。」

國中畢業後，因為家境不好，他必須打工賺錢，於是選擇了有建教合作模式的霧峰農工機械科，一方面可以加強技術，一方面又可以節省家中的開支。高一時第一天進工廠上班，年紀還小的他，看著大人操作機器，聲音隆隆作響，抱著初生之犢不畏虎的心情，他便試著上場操作機器。當他正

為直立式車床做清潔工作時，忘了要關掉開關，他的左手隨著抹布一起被機器「吃」了進去！一切來得太快太急，嚇得他說不出話來。其他操作員發現後，趕快關掉電源，再使勁地把他被絞進機器的手拔出來，當他再見到左手時，整個手掌嚴重腫大、瘀血，中指、無名指和小拇指都因骨折而縮了半截。

第一天進工廠就受傷，被送到醫院後，醫生硬生生地把他的手指頭一根根拔出來，他痛到哭昏在媽媽的懷中，而這件絞手事件讓他足足在家中休養了 2 個禮拜才好。學校怕他舊傷復發，在下一輪排到工廠上班時，就將他安排到工廠的研發部門。在研發部，他像海棉一樣吸收了不少電機和電子的基礎理論，也開始一點一滴地展現他的創意發明。

高三畢業那年，他研發出「紅外線水源控制器」。這項產品後來改變了男性上廁所長久以來的習慣，簡單地說，剛小解完的男性們，有時候在拉褲鍊的同時，手指會不小心沾到自己的尿液，卻還得用沾著尿液的手去按沖水開關。利用他的發明，現在男性們只要靠近便器，紅外線會感應到有人而流出第一道水流，等到人走了以後，會再流出第二道水流，把便器沖乾淨。

這項革命性的發明，出自一個 19 歲的少年之手，馬上受到衛浴廠商老闆的注意。等到老闆找到鄧鴻吉後，立刻與他簽約，買下他的發明專利。專利金對他的生活很有幫助，

他的家庭經濟因而大大改善。他從來沒有想到，幾乎斷掌的痛苦經驗卻是他步向發明之路的轉捩點。

■ 旺盛好奇心　創造之路永不停

國中二年級的鄧鴻吉，有一天看到同學在玩遙控汽車，感到很好奇，他心裡想著：「為什麼汽車沒有遙控線，卻可以被操控而自己行走?」深知母親不可能有餘錢買玩具給他，他便偷偷跑去做裝飾品娃娃的加工廠打工，以一天 20 元的工資做了 30 天，順利買到遙控汽車。拆卸後分析元件和構造，讓他第一次了解無線電原理。

從霧峰農工畢業後，他覺得自己的基礎還不夠，退伍以後，又考入建國工專（建國科技大學的前身）夜二專機械科繼續求學。他知道光有機械科的背景不夠，想要更上一層樓一定要結合電子學相關技術才行。於是，每天結束清晨到市場賣水果的工作後，他接著會到一家補習班上電子學課程以充實自己。同學們對他額外學習嗤之以鼻，多半覺得他多此一舉，不過，現在看來，鄧鴻吉當時的看法正符合時代潮流。

曾代表台灣連續在民國 82、83、84 年分別得到美國「匹茲堡世界發明展」、德國「紐倫堡世界發明展」和美國「匹茲堡世界發明展」的高科技獎第一名的他，各以「呼叫器控制汽車防盜器」、「利用晶片控制汽車電腦系統」、「利用呼叫器控制家電系統」等作品獲獎，從此讓他在國際發明展中聲

名大噪。

民國 88 年參加德國「紐倫堡世界發明展」，以「利用呼叫器傳呼之電器控制系統」作品奪下個人最大獎項「特別成就天才獎」。在 500 多人共同競爭 20 多個項目的發明大展中，他是第一個獲得該獎項的亞洲人。鄧鴻吉說：「那次比賽特別慎重，還把媽媽和妹妹都請到頒獎現場，宣布時，主持人從銅牌、銀牌、金牌一路宣布完，都沒有我的得獎訊息，媽媽認為我今年可能不會得獎，眼淚唏哩嘩啦地流個不停，直到大會最後宣布我得了發明比賽最高榮譽『特別成就天才獎』，媽媽這才破涕為笑。」

他說，這項作品突破以往的遙控器最多只能控制 9 組開關的限制，經過程式的調整，這個遙控器可以控制 99 萬組開關。一個大型工廠的巡視員只要打電話或透過網路，便可控制分散在各樓層或各區廠房的開關，不用再一樓樓地檢查或開車到處巡邏。現在，他家中就有這樣的裝置，他躺在床上，可以一一關掉房間每個電燈及開關。

現在，更大的驚奇又要發生，鄧鴻吉與同事花了 4 年的時間，苦心發明名為「DVD Travers」的 DVD 機心。這項技術過去被日本人鎖死在手中，他與同事苦思多年，終於設計出超越日本品牌的 DVD 機心。日本最輕的機心是 95.6 公克，他發明出來的機心卻只有 56.9 公克，而且不像日本機心以齒輪帶動，容易有維修問題，他改以磁條帶動，讓消費者

使用 DVD 時不會輕易卡住。他的機心零件精簡，能縮短工廠生產線的製程，更令人驚嘆的是，他研發的機心同時具有讀與寫的功能，目前已經有國內 DVD 大廠與他接洽，要大量生產，將他設計出來的機心使用在家庭用 DVD、電腦用 DVD 和最薄的 Notebook 等產品中。

為了可以好好地做研究，他除了公司裡的生產線外，家中也設了一間實驗室。有時候因為發明遇到瓶頸睡不著，突然靈光一現時，他就咚咚咚的狂奔到實驗室中，寫下自己的解決方法，妻子看他這樣，早就見怪不怪。

提攜後進　希望人人都能成為發明家

鄧鴻吉常說，沒有技職體系，他不會走上發明之路；沒有絞手事件，他一輩子只能賣水果或當一位平平凡凡的操作員。如今，他揚名國際，所到之處都有掌聲，過去鄙視過他的親戚朋友、鄰居，都轉而向他噓寒問暖，這種世態炎涼深深地觸動他的心。所以他對待員工的態度一向很親切，把員工當家人，有時講講話，有時摟摟肩。一般主管那種高高

在上的態度，他其實並不欣賞。

近年來他率領台中明道中學的學生挑戰在德國舉行的全世界發明大展比賽，這是他第一次帶著學生代表台灣為國爭光。鄧鴻吉常告訴學生：「當一個發明家不難，創作品隨處可得，你只要從這條街走到另一條街，把你看到最不滿意的物品記下來，就是未來可以從事發明的方向。」

「只要多動手，少動口，你也可以成為發明家。」這是發明了上百件產品的鄧鴻吉多年的經驗談。「當一個發明家最基本的條件就是要狂熱、要異想天開，要能夠承受得了別人罵你是神經病，可是，你知道自己不是神經病，只要能耐得住寂寞和外界的壓力，相信我，你就能成為一個發明家。」他笑笑地說。至於他的下一個目標是什麼呢？就是按一個鈕，讓台灣到處充滿發明家。

回頭浪子 劉正裕

——從「極冷」追逐夢想

吳　京：你的成長背景和一般人不同，年輕時打架鬧事，現在當老闆，你又該如何教育孩子？

劉正裕：以前年少輕狂，叛逆的原因只是為了同儕口中的一句——「很有男子氣概」，會變成這樣，可能和小時候出身藍領的父母管太緊有關。他們希望我能成為人中之龍，結果大小事都過分關心，逼得我變成了一個叛逆、令人頭痛的人物。後來我靠著自己的努力成功，應該跌破不少人的眼鏡。如今，我常帶我的孩子們去打球，我希望他們從小就能有自由的感覺，以後也不會給他們一堆限制。不過，我也怕孩子長大以後會和過去的我一樣的悍。

吳　京：你現在當老闆，如何選擇一起合作的工作夥伴？是挑選大學生？還是技職體系的學生？

劉正裕：我找員工沒有一定的標準，不一定是技職體系或是普通大學的學生。如果一個員工，學有專精、擁有博士學位，卻不願意把所學貢獻出來，這樣的員工和文盲沒什麼兩樣。一位好的員工是願意貢獻自己的智慧，同時也能與公司成長的企圖心相結合；相同的，公司也要給員工時間學習，畢竟，員工對公司的貢獻是長遠的。

打了一個大呵欠，伸著懶腰的劉正裕把眼鏡從臉上摘下來，揉了揉雙眼，翻著等一下要去拜訪的客戶住址。公

司其他夥伴都下班了，他卻還留在辦公室裡處理公務。拿起公司的簡介、產品說明放進公事包裡，啜了一口茶、撥一下頭髮、整一下西裝，大叫一聲「出發」後，他隨即從台中工業區直奔到台北市。他知道拜訪完客戶回到家會是半夜 3 點以後的事，卻踏著益發堅定的步伐邁向目的地，一點都沒有迷失的樣子，因為，迷失的滋味他已經嘗過了。

劉正裕看起來很年輕，年紀大約 30、40 歲，蓬鬆的捲髮，微長的臉，表情一直是笑咪咪的。雖然看起來像個老闆，但眼神中總帶著一絲放浪不羈的神情。可能是大家的年紀相仿，員工對他說話總是沒大沒小的，他也不希望被員工們死板板地稱呼「總經理」。對他來說，走向創業是命運使然，這不只是對自己過去荒唐、叛逆的歲月做出了斷，也是想要為台灣人在世界科技業的版圖中占據一個角落。

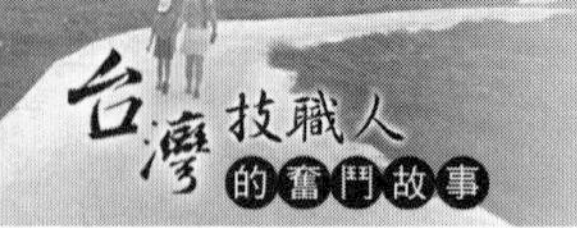

他創立的行業很新，叫做「冷光科技」，炫吧？

劉正裕今年打算擴大公司規模，前幾年剛創業時，員工只有 3 個人，設立登記資本額為 500 萬元，到現在員工已激增到 40 多人，資金將可以增加到 1 億元。隨著訂單增多，廠房已不敷使用，所以決定搬遷到設在台中工業區的新廠，新廠是以黑與白為基調，光線充足，由四面八方而來，就像劉正裕給人陽光般的感覺。

■ 一腳踹出了叛逆歲月

民國 55 年出生的劉正裕是家中的獨子，從小在台中縣大雅鄉長大，有著標準的獅子座性格。小時候爸爸到處去做工，是個很認真賺錢的工人，後來，的確累積了不少錢財，大大改善了家庭環境。當時的社會風氣，家庭即工廠，工廠即家庭，於是他的父親在他 3 歲時創立了家庭式的橡膠工廠，由於接單不斷，父親後來還將廠房擴建成 1000 坪的大廠，劉正裕從小便看著父親白手起家，耳濡目染下，奠定他日後走上創業的基礎。

劉正裕說，因為母親不識字，所以，父親在家中一直扮演著嚴父的角色，「雖然還沒有到一個口令，一個動作的地步，但我總覺得有機會就要離家遠遠的。」國中在父親的安排下進入台中的明星私立學校就讀，他對這段日子的回憶相當貧乏，只記得不斷地背書、不斷地被打，放學回家

除了念書還是念書。

可能因為劉正裕是獨子的關係，父親對他的要求和期望也特別嚴苛，平常同學們到了寒暑假，就會去參加各式活動或是健行爬山，但劉正裕不可以，他得乖乖地回到工廠的生產線上當操作員，就和父親的其他員工一樣，要有工作才有飯吃。即使到了他上專科、技術學院都還是一樣，寒暑假到了的第一個念頭就是：收拾行李回家，直奔工廠的生產線上！

因為每年寒暑假都在生產線上度過，年近40的他從沒參加過任何登山、健行、露營等團體活動，所有青少年該擁有的正常休閒活動，他一樣也沒有參與過。「至今還沒有過登山露營的經驗，也許是我這輩子很大的遺憾。」說這句話時，他顯露出一點無奈的表情，隨即他又給自己希望地說：「現在創業期間還不允許我去做這些活動，或許以後，等我年紀大些，一定有機會去嘗試。」

劉正裕的父親一直希望他能從事工程師或醫師等高級專業人員的工作，但高中聯考失利，他沒能考上台中一中，父親失望之餘，竟一時失控重重地踹了劉正裕一腳，這一腳踹得不輕，儘管身體上沒有嚴重的傷痕，卻將他壓抑許久的不滿與怨恨一腳踹了開來，內心的怒火熊熊燃燒著。汽球灌氣灌得太飽終有爆破的一天，五專放榜填寫志願時，他一時賭氣想離家遠遠的，就故意填了遠在台北的華夏工

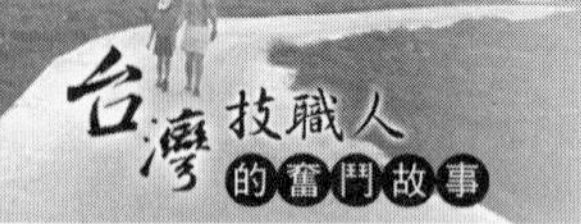

專（華夏技術學院的前身）電機科。

劉正裕說:「當時填華夏工專還有一個重要的原因，就是離西門町很近。這樣一來，我就可以利用下課時間常常到西門町報到。」沒錯，他不僅天天到西門町報到，因為整天只想著玩樂，根本無法專心在課業上，電機科有讀等於沒讀，讀五專本來只需要 5 年，他卻當成醫學系來念，苦撐 7 年才好不容易畢業，拿到畢業證書時還欠學校 110 個學分（滿學分為 250 個學分）。他永遠忘不了畢業那天，班主任握著他的手說:「劉正裕，你能夠畢業，是華夏工專有史以來的奇蹟，『出去』以後要好好做人……。」當時他哭笑不得地回說:「主任，學校是監獄嗎？不然怎麼說『好好做人』？」

劉正裕說:「念華夏時，自己真的是個劣質學生，除了成績不好，還因為行為不檢被學校記大過，曾經兩次進出少年隊，幸運的是自己闖下的禍沒有留下紀錄，一直到現在，家人還不知道我曾經是街頭小霸王。」

有一天，他想去礁溪泡溫泉，便到台北火車站搭車。為了確定自己想搭的班次在哪一個月台發車，又懶得走天橋，他想都沒想就縱身一跳，直闖火車軌道上，越過了一個軌道後爬上另一個月台查看班次。這個舉動真是膽大妄為，乘客們個個瞪大眼睛看著那個爬上又爬下的少年，交通警察不斷地向他吹哨子。

交通警察後來把他攔住，問他：「同學，你沒有聽到我在吹你哨子嗎?」「那麼多人，我怎麼知道你哨子是朝我吹的?」「你看起來像學生，學生證拿給我看一下。」「我們學校沒有規定外出時要帶學生證。」「那身分證呢?」「誰規定一定要帶身分證的?」話才一說完，突然間閃了一陣白光，劉正裕的手就被交警銬住，手銬一邊銬他、一邊銬警察，他就這樣被警察連拖帶拉到警察局，整個過程像極了古代囚犯「遊街」一樣。

不知道是不是少年精力無處發洩，劉正裕天天在彈子房鬼混，打撞球、聚賭、械鬥打架、鬧事、私藏武士刀，差一點點就混進幫派。現在回想起來，他瞇起眼、搔著腦門說：「其實那個時候只想向別人證明，我也是個很有膽量的人，就這樣而已。」渾渾噩噩的年少歲月中，也曾被黑道拿著刀抵住喉嚨強迫他加入幫派，千鈞一髮之際，內心突然升起一種奇怪的感覺，雙親的臉龐浮現在眼前，他逐漸發現自己的內心在說：「該懸崖勒馬了!」

■ 揮別荒唐過去　重回正軌人生

畢竟曾經學壞過，想要一下子拒絕外界誘惑，得下極大的決心。劉正裕天生有點小聰明，叫他不施展，總是技癢。民國 70 年專科一年級時，跟同學到鞋廠打工，一小時 20 到 30 元，每天只能用晚上打工，一天常賺不到 100 元，

於是他想出了一個方法，就是幫工廠生產線上的班長找工讀生來打工，班長要幾個人，他便負責找幾個人，然後一個人一小時抽 5 元佣金。不過，他向老闆表明，他的佣金必須由工廠額外給付，不能從同學身上扣。小小年紀的他竟當起人力仲介經紀人。

高二時有一天路經一家商店，目光被店內閃閃發光的聖誕節飾品吸引，劉正裕跑進商店說想批貨，飾品店老闆跟他說全都是外銷品，他腦筋一轉便說：「老闆，你們總該有不良品吧?」後來他以一個 50 元的代價一口氣買了 30 顆，拿到街頭擺地攤時，一個飾品飆漲到 150 元，不到半小時就全部銷售一空。欲望就像無底洞一樣讓他越陷越深，為了賺更多錢，他到西門町當舞廳經理，跟公司包場子，到處打電話叫客人來捧場，最高記錄曾經創下一週賺 13 萬元。

直到有一天，他發現已經叫不到平常能捧他場來跳舞的同學，因為這些同學一個一個畢業了。有些人去當兵，有些人已經退伍開始要找工作，他卻還一事無成地在舞廳裡鬼混。劉正裕慌了，難道他這一輩子就要這樣墮落下去嗎? 沒有目標的日子讓他逐漸感受到未來的渺茫，偶然間向同儕透露他想要投考技術學院，繼續升學，卻換來同學的譏笑說：「如果你劉正裕這種程度可以考上技院，我們就免費請你上理容院，按摩一年免錢。」有人更毒地說：「如

果你考上，我們就在學校掛上一大片布條，上面寫著『全校最混的學生竟可以考上技術學院』。」

受到嘲諷，劉正裕真的很洩氣，帶著沉重的心情思索每一個人對他的無情打擊。他過去 7 年的工專生涯整天鬼混，沒有半點電機基礎，拿什麼去考試？他心裡盤算著，既然電機科 7 年有讀等於沒讀，報補習班時索性改念自己一直深感興趣的企管系，第一年報考技術學院，他『眾望所歸』地落了榜；第二年他搬離原來住的地方，遠離一群狐群狗黨的打擾，正式展開沒日沒夜的苦讀日子。那段時間，沒有電話、沒有朋友、沒有交際、沒有應酬，他把自己的欲望降到最低，白天煮一鍋飯，中午到自助餐店打一次菜，就這麼解決一天的吃食；睡覺很少躺著睡，醒著時只有 K 書。

萬事起頭難，劉正裕還記得有一次在補習班上「微積分」這門課時，老師在黑板上畫一個長條形的 S，他覺得奇怪，寫 S 怎麼不好好地寫，沒事幹嘛要拉長，他不解地詢問鄰座同學時，這位同學冷冷地告訴劉正裕：「同學，看清楚，那不是 S，是微積分裡的積分符號，了嗎?」這次 S 事件讓劉正裕很難堪，對他影響深遠。後來，他考進雲林技術學院（國立雲林科技大學的前身）企管系後，拚了命地努力研究，在大三那年，他與出版社合作出了一本名為《微積分學》的書。

考上技術學院後，同學真的免費請他去理容院按摩一年嗎？答案當然是沒有。不過，他考上的消息，已不知讓多少師長和同學眼珠子都快要掉下來，直呼：「真是太神奇了！」劉正裕心裡比誰都明白，這一點都不神奇，他下了苦功，才讓自己活了過來，有一個重新開始的機會。由於虛耗了 7 年的專科生涯，他認真地度過大學的每分每秒，大學畢業時已經 28 歲了，雖然比一般同學年長許多，但令他自豪的是，別人是畢業即失業，他卻是有 5 份工作在等著他報到！

在社會上闖蕩了幾年，累積了一定的人脈以後，內心有一個聲音清楚地叫喚著劉正裕：「出來創業吧！」於是，他在民國 87 年開始籌畫創業的周邊設備，他要投入的是一項名為「冷光」的新興科技。「冷光」是 1960 年代開始，在美國太空總署發明出來的新科技，全世界只有 80 家冷光製造廠。台灣過去幾年一直都在做研發，如今，市場漸漸成熟，是可以投入的好時機。

劉正裕大概是少年時期熱過了頭，旺火燒太久，他現在想要冷卻平靜，因此選擇投入「冷光」這個看起來很冷冽的行業。什麼叫「冷光」？他解釋說：「就是一種電能轉換為光能的現象，特別的是，在運轉過程中不會發熱，所以，大家就叫這門新科技為冷光。」名為「冷光」，卻是熱呼呼的新興行業，目前全台灣已經有 10 家製造廠商。冷光

可以應用到的範圍相當廣泛，包括大哥大、廣告看板、汽車儀表板、指示燈，未來甚至還可能取代 TFT、LED、CRT。他說：「你能想像嗎？以後一台 40 吋彩色電視機的厚度只有 2 公分，重量只有 2.5 公斤，如何做到的呢？答案就在冷光。」

■ 成人不自在　自在不成人

一踏進劉正裕的工廠，就看到一個丟棄不用的船錨被他廢物利用，重新粉刷後固定在牆壁上，他說：「希望員工一進到公司，很自然的會有『卯起來幹』的精神。」不遠處，還可以看到一個可愛的小水池。這個水池特別之處在於它是由兩個圓圈圍繞而成，劉正裕又有說法了，他解釋說：「這是同心圓的意思，唯有老闆員工同一條心，事業才會有前途。」

他說：「如果一家公司怕員工領錢，那麼，這家公司鐵定不會賺錢；相對的，如果一個員工怕公司賺錢，就要做太多事，那麼，這家公司

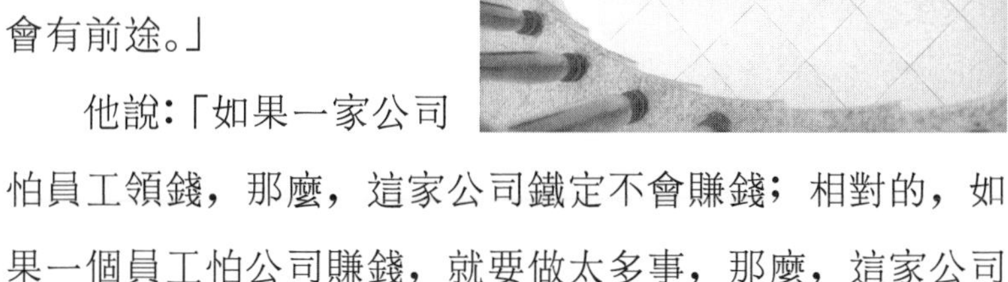

也不會長久。」創業幾年，從 3 位員工到 40 多位員工，他一路走來，把員工當兄弟姐妹來看。他甚至在年初時就向員工宣布，要他們每一個人寫下年終獎金想拿幾個月，公司再依照大家的意願核算出今年該達到的工作目標和接單數。

劉正裕現在想通了一件事——「成人不自在，自在不成人」，如果一個人身上毫無責任，日子過得像小孩子般無憂無慮，「抱歉，這個人還沒有真的長大成人。」相反的話，「恭禧，你已經長大成人。」既是成人就有責任，既是成人就不能再有孩子那種無憂無慮的自在。他不在乎自己是不是像王永慶那樣的成功，因為在他心裡，永遠有一句話催促著他前進：「成功模式百百種，唯一不變是肯做。」

現代書生 曹國策

——執著當眾人圭臬

吳　京：我在外面演講時，常會提到開拓自己的發展空間，你從學校社團以及軍隊生活中學到很多，因此對你未來的人事工作很有幫助。看你一路走來似乎很能開創自己，未來你還想做什麼呢？

曹國策：我一直希望自己在 40 歲前可以拿到碩士學位，未來，也許會到中國大陸發展、教書。我認為產業界有很多現實面，只求功利；其實，人事主管不能一味求功利，他必須要有好的操守才能勝任這個職位，不過，企業大多不重視這些人事關係，只關心哪一個部門能賺更多錢！

吳　京：以人事主管的心情來看技職教育，你有什麼看法？

曹國策：我在量販店裡常接觸到許多學生，我感覺到他們對人生的規畫大多不確定。我常告訴來工讀的學生要及早做好生涯規畫，如此一來，才能夠提早為自己的人生做準備。

古代文人雅士必須具備禮、樂、射、御、書、數的涵養，但對現代人來說，這些雅士大概只活在教科書裡。沒想到時至 21 世紀，竟還有這種仿若古人在世的「現代書生」！只差沒穿上長袖寬袍，曹國策怎麼看都像個古代人：

他愛寫毛筆字、愛下棋、愛篆刻、愛畫畫；他個性秉直，不懂得轉彎，於公於私都表現出嚴以律己的處世態度。「身為一個人事主管，不能隨便轉彎，要固守原則，如果不能當公司的圭臬，就別想管人。」聽著他一字一句地吐出這些話，你能明顯感受到一股沉潛的力量，力量或許不大，卻堅定執著、且源源不絕。

民國 60 年代，台灣開始推動十項建設，並引進跨國企業，鼓勵外國公司到台投資。由於國家處在急需人才的當口上，因此政府大量增設專科學校，以培育足夠的專業人才。曹國策在民國 65 年進入國立高雄海事專科學校（國立高雄海洋科技大學的前身），正逢海事水產類課程增加專業科目時數的時期。這段學習的時光，成為他日後進入海事相關企業的起點。

從出社會以來，曹國策一直與人事主管的工作有緣。他的一雙慧眼已經閱人無數。「星探、公司與員工之間溝通的橋樑、勞資法律諮詢都是我的工作項目，我不會看面相，但是跟對方接觸之後，我就能知道這個應徵者能不能用。」身為一個人事主管，曹國策常常要替公司找人，近 20 年的經驗累積，他發現一般公司徵求的工作夥伴一定要具備兩個重要條件：一是忠誠度高，二是操守好。

用人，他憑直覺；助人，他憑熱心。對於流通業，他仍有高度的期待。為了充實自己的專業知識，他投考高雄第一

科技大學行銷與流通管理研究所的 EMBA 在職專班，希望學習到更多實用的新知，讓自己的競爭力更上一層樓。未來，他將發展目標鎖定在中國大陸蓬勃興起的流通業，要把他耿介的書生本質從台灣發揚到對岸去。

■ 舞文弄墨的現代書生

民國 50 年，曹國策出生在高雄的船員眷村，儘管他的父親並不是船員，但從小接觸的都是船員的生活，看著鄰居的大哥哥大姐姐們都讀海事學校，於是，國中畢業以後，他也就順理成章地進入國立高雄海事專科學校就讀，念水產製造科。

曹國策說：「後來才覺得自己一點都不喜歡水產製造科，還是喜歡美術、畫畫等藝文類的東西。」所以，他覺得自己是糊里糊塗選錯了科系。由於家中環境並不闊綽，他非得考上公立學校不可。像他哥哥考上私立大學，卻因為家裡拿不出學費註冊，只得放棄念大學的希望，轉而投考免費的軍校。他的姐姐則是因為考上師大，才能繼續念書，既然哥哥姐姐都是如此，他也無法例外。

從曹國策有記憶起，他就愛看字、寫字、玩字、畫畫，還曾向書法家于右任的嫡傳弟子學寫書法，所以他能寫一手標準的草書，頗有藝術天分。專科畢業後，當完了兵，他還是無法忘情藝術，於是，他興起插大學念美術系的念頭，後

來因為沒有考上，他才真正死心，乾脆把舞文弄墨的欲望發揮在生活中，讓藝術成為他的生活哲學。

曹國策說，他在專科時成績雖不是很好，不過，在校期間加入很多社團，還當了社團幹部。雜務雖然很多，但也從中學到不少增進人際關係和領導統御的技巧。「我常常在想，如果人生中少了這段時光的訓練，我日後到外島當兵一定會痛苦不堪，無法忍受軍中的惡劣環境。」在學校中，他遇到了兩位個性、作風截然不同的良師，一位是美式作風的老師蔡文雄，一位是傳統作風的導師淩靜濤。

「這兩位老師，就像是南極和北極，在我心中的兩端拚命拉扯，我從他們兩個人的身上學到很多做人的道理。」曹國策溫和的眼神，透露出他對兩位老師的感念良多。蔡文雄老師對魚的養殖了解極深，常常天南地北地談論著，學生們覺得他很有創意，也覺得他知識很豐富，「他上課就像 Discovery 頻道的節目一樣地吸引人。」蔡老師不像一般老師只是教授知識而已，他常常會帶學生到戶外教學，也會告訴學生如何辦活動、參加舞會，甚至也會和學生分享約會的小技巧。「別笑哦！以前的校園真的很樸實，我們覺得老師講的事情很新鮮，所以很期待上他的課。」

凌靜濤老師和蔡文雄老師是兩種完全不同的典型，她畢業自中文系，在學校教國文，她非常注意自己的言行對學生的影響，也常常與學生討論生活中該注意的小細節，「我從她的身上看到傳統文化之美，看到一個人該遵循的道理。」

■ 外島服役　成為人生轉捩點

曹國策到馬祖服役，是他一生中重要的轉捩點，也和他日後出社會從事人事主管工作有著密切的關連。當時，他帶著一顆忐忑不安的心到馬祖當政戰官，為了謹慎起見，他把每個人的卷宗都看過一次，以了解士兵們的成長背景。他的工作除了負責莒光日教學外，還有一件更重要的事情，就是防止士兵們自殺。「如果我連阿兵哥的心理問題都不能解決，如何能夠帶兵作戰呢?」曹國策認真地說著。

有一天，多數的士兵出公差去割蘆葦草，過了吃飯時間卻還沒有回來。留在營區的士兵們耐著飢餓等待，情緒逐漸緊繃起來。突然，有一位中士班長跳出來帶頭抗議，吵著要吃飯，眾目睽睽之下，這位班長擺明是要欺負曹國策是個新官。曹國策請值星班長處理，但是這位中士班長依然故我、吵鬧不休。曹國策心想已經給過他一次機會，既然不聽，便得想辦法壓住情勢。說時遲，那時快，只見曹國策猛然一揮，把捧在手中的餐盤突然砸向中士班長，飯菜倒得班長滿頭滿身，所有人都安靜下來，氣氛非常詭譎，好似下一秒就要爆

發一場更驚人的衝突。

嚴詞厲色的曹國策對著中士班長問：「這裡是哪裡?」班長答：「這裡是馬祖。」曹國策再問：「那麼，馬祖又是哪裡?」班長回說：「馬祖代表前線……。」此時，曹國策用嚴肅的口氣警告他：「你答得很對，不要忘記在前線，我的官階比你大，可以判你軍法。」經此一嚇之後，中士班長只好靜靜地蹲下身去清理倒出來的飯菜。不過，因為這位班長與連長是同鄉，兩個人關係很好，曹國策自知已經得罪了班長，便主動向連長報告。他請示連長以後留在營區的士兵們，是否能不用等到出公差的同袍回來就先行用餐，連長回他一句：「可以呀！只要你決定就好。」

曹國策說，軍中是個龍蛇雜處的地方，還好讀專科時參加很多社團，了解人際之間的微妙關係，否則的話，碰到那位中士班長的挑釁，他一定沒有當眾丟盤子的勇氣，只能像多數的「預官寶寶」一樣，只有被欺負的份。他認為在工作上帶人的基本技巧和當兵時的領導統御差別不大，帶人時不求所有人都要喜歡自己，「我只堅持做到兩點：第一是絕不做違法的事，因為自己違法就別想叫別人聽話；第二是將員工的心聲忠實反映給高層知道，而不是報喜不報憂。」

如何預先防範士兵們自殺呢?「我從偷偷拆信得知。拆信是軍方賦予的權力，否則我也不敢做這種事。」有一次，曹國策發現一位原住民士兵悶悶不樂，從信中得知他弟弟的

身分證被船公司扣住，不巧祖母病危，士兵的弟弟回不去故鄉看祖母的最後一面。「這種事情如果沒有處理好，很容易會鬧出人命來，也許這位阿兵哥想不開會舉槍自盡，也許他會拿槍對著別人發洩，結果很難說。」於是，曹國策二話不說，趕緊帶著這位士兵去船公司找弟弟，他在出發前還向軍人之友社諮詢，如果對方不還身分證該如何處理？軍人之友社告訴曹國策：「不還就不還，登報作廢就好了，只要再到戶政事務所申請一張新的身分證就可以了。」

曹國策充滿信心地與船公司老闆談判，他告訴船公司，非法扣留人已經侵犯人身自由，觸犯了刑法中的「妨礙自由」罪，船公司聽他這一說嚇了一跳，趕緊放走士兵的弟弟，可是，身分證卻堅持不肯還。當他帶著士兵和他弟弟走出船公司時，曹國策心中的大石頭終於放下，士兵也展露笑容，一件可能引發的悲劇就此落幕。到現在，他還忘不了那一回三個男人走在路上的爽朗笑聲。

■ 刮別人的鬍子前　先刮自己的鬍子

曹國策從民國 72 年出社會後，做的一直是管人的工作。「人事主管不如想像中的容易，管錢和管人相比，管人是複雜得多。」他說，當一個公司的人事主管，最重要的原則是正直，「你要正直，才不會用法律的專業去欺瞞你的員工。」正直之外，還要熟悉勞資相關法令。人事部門不只管招募員

工，當公司的「星探」，還要為員工舉行在職訓練、考核員工績效、薪資管理和諮商等工作。

曹國策說：「我的個性是外方內圓，不會抱高層人士的大腿、不媚上，所以，在公司裡的職位才會一直掛著經理的頭銜而已。」他淡淡地一笑，道出自己近 20 年來對自己的要求和執著。「人事主管是公司的圭臬，自己如果不正，那就別想要管得動人。」兢兢業業的個性，讓公司裡的員工，對曹國策有了基本的信賴感，有些員工遇上勞資爭議的問題時，也願意找他諮詢。

剛出社會時，他在海霸王工作，跟著一位大統百貨公司出身的人事主任謝豐國學習，他從這位前輩的身上學到很多處世的道理。他發現這位前輩的韌性超強，由於海霸王當時算是大企業，全台灣到處都有連鎖店，一個人事主管要面對的往往不只是老闆和員工而已，最難纏的要算是老闆身旁的「皇親國戚」，「一旦得罪這些人，你消受不起，只能根據他們的要求適時地調整作風。」

有一次，這些「皇親國戚」中，有人為了爭奪控制權，怒氣沖沖地揍了謝豐國一拳。當時擔任副總的謝豐國並沒有

還手，他很有修養地隱忍了下來。「當時，我覺得一般人一定會因為這一拳就不做了，可是他為了堅持自己在餐飲界做事的理想還是忍了下來，這件事給我的影響很大。」曹國策說，從前輩的身上，他看到了謙遜的美德，有的時候，位階高的人不一定要表現高高在上的樣子，將自己的態度放低，反而可以學得更多。

曹國策後來到萬客隆工作，一做就是10多年。有一次，公司一位負責麵粉攪拌工作的女性勞工，因為長期使用手臂，造成手臂鈣化，公司人事主管為了避免麻煩，便以病假不能請太久為由，逼這位勞工自動離職。勞工向高雄縣政府勞資關係課提出申訴，讓公司的形象大受影響。由於這是前一位人事主管留下的問題，公司特別情商已任職客服部經理的曹國策再接手處理這個案子。

曹國策一看到案子的資料就知道是公司的不對，公司理虧在先。「我要做的就是，讓員工和公司都能得到滿意的答案。」於是他立刻到高雄縣政府勞資關係課和課長討論案情，並將女性勞工一年多來的病假都改為公傷假，這麼做的理由是，以公傷假在家養病的勞工有薪水可以領；接著，他到高雄醫學院向專看職業災害的醫師請益，醫師告訴曹國策：「如果這位勞工的手臂鈣化要改善，必須調整她的工作職務。」他很有誠意地拜訪員工，也告訴她：「公司不可能無止盡地讓她在家裡養病還一直付她薪水，最好的方式是調職，可以

到服務台做驗會員卡的工作。」經過多次來回協調後，女員工不想調職，曹國策替女員工爭取到資遣費，公司也贏回了形象。

■ 熱心助人　但求無愧於心

流通業目前在台灣發展的規模已經定型，他從事流通業十多年來，最驕傲的不是固守在人事主管的位子上，而是他常常想要把人事工作的影響力再做延伸。在流通業中，他是最早接受有相關科系的學校申請參訪的人事主管，「我因此得到建教合作的獎牌，雖然我知道這個獎牌在公司裡一點也不值錢。」這是他的誠意，對學生來說也是一個了解、入門的機會。

對於能拿到高雄第一科技大學行銷與流通研究所EMBA學位，他開心地說：「讀書不為別的，就是要時時刻刻提醒自己保持學習的心，要更上一層樓。」未來的路還很遠，他不想限制自己，也許，等到家人都同意時，他會帶著書生的雅逸，飛到對岸為流通業再盡一分心力。

小醫院大總管 鄭琨昌

──重拾書本再創新天地

吳　京：醫院經營的困難是什麼？學醫管的人到醫院能做些什麼？

鄭琨昌：現在是全民健保的時代，也就是走向包醫制，國家給所有的醫院一筆預算，讓所有的醫院來分得這些經費。每家醫院依自己的業務量、營業額來支領政府給的經費，民眾因此會得到較差的服務品質。

以前我念醫管時，一般的醫院還不知道怎麼用我，因為過去醫院中的藥管、人事、病歷等工作都是醫生和醫生娘自己管理，或是由他們的親戚在管，直到大型醫院成立後，有了專業分工，必須有醫管人員進行管理工作，醫管人員在民國 70 到 80 年代最吃香，現在的醫管人才已達到飽和狀態。

吳　京：醫管人員的瓶頸是什麼？你在醫院待那麼久的時間，你的新人生又在哪裡？

鄭琨昌：醫生是醫院的火車頭，醫務人員要配合醫生，行政人員是支援系統。在醫管界，我待了 20 年，已經玩得差不多了，應該轉到別的領域去看一下。也許到企業或商業這一塊新天地，跳到別人的領域轉一轉後，再回到自己的醫管，應該可以看出還欠缺什麼，或是找出醫管還能發揮的地方。

一個含著銀湯匙出生的富家子弟，從小在台北大稻埕的洋樓大宅長大，出生以來都是吃外國進口的餅乾長大，家裡

有前庭、中庭和後院，非常寬敞；一個全身髒兮兮的小孩，流著鼻涕撿菸蒂，撿完菸蒂換了錢，再到中央市場買水果跑到第一戲院前兜售，有時間再兼賣戲院的黃牛票多賺一點錢。這兩個小孩的際遇，一個彷彿在天堂，一個有如在地獄。天堂和地獄，都是鄭琨昌的人生寫照，他曾經是富家少爺，也曾淪落為貧苦子弟，一個人演著雙重角色，也許是老天爺的玩笑，但卻是他動人心弦的真實人生。

「副院長，有一個病患要出院了卻付不出醫藥費，你來一下好嗎?」「副院長，醫院裡的洗衣廠配送的床單又夾帶其他醫院的床單，再不處理，今天沒有新的床單可以換給病患。」「副院長，醫師抱怨診間裡冷氣太弱，現在病人很多，再不處理無法看病。」「副院長，上個禮拜才進醫療事務課的年輕人，說工作太累不想做了，你想想看有什麼辦法能留住人才。」耐心地聽著醫院中來自各單位的報告，身為西園醫院副院長的鄭琨昌，必須一件一件處理好，往往上午 7 點多進到醫院，回到家時早已筋疲力盡。「簡單說，我的工作沒有太大的挑戰，就是排除萬難而已。」鄭琨昌露出兩排潔

白的牙齒笑著說。

排除萬難？這也叫簡單？其實，鄭琨昌除了醫生的醫療行為不做以外，其他的事情都歸他管，他的工作是「醫管」，就是醫院管理，醫管在民國 60 年代以後到實施全民健保前是令人難忘的黃金時期，自從實施全民健保後，醫院經營越來越辛苦，「醫療政策不斷改變，學醫管的人也多起來，競爭當然提高，尤其是加入 WTO 後，醫院經營已不再單純以醫療技術為主軸，而是需要多角化經營才得以生存。醫管人員要把眼光放遠，從健康產業及醫療周邊產業再出發，為人生創造另一段高峰。」他堅定地說著。

■ 斷了的銀湯匙

民國 45 年出生的鄭琨昌，小時候是個富家公子，出生在台北市迪化街（舊稱大稻埕）的富有家庭，父親在台灣光復後曾到日本念書，拿到政治、經濟類的學位。鄭琨昌說：「母親告訴我，從小我沒有吃過一口台灣產的餅乾，都是吃從基隆進口的外國餅乾，是父親特別跑到基隆買給我的。」當時家中有傭人、有專用的三輪車夫、有一般家庭買不起的「偉士牌」機車，甚至後來也買了汽車代步。小時候的鄭琨昌，人人都說他含著銀湯匙出生。

沒想到鄭琨昌 6 歲左右，父親突然經商失敗，心急如焚的父親，不信自己倒地不起，再將餘錢整個投入到養雞生意

中。那一年颱風颳得特別猛烈，一場風雨來去，引發難以承受的雞瘟，雞一隻隻應聲而倒，父親最後想靠養雞場東山再起的心願也破滅了。他說：「那時候我站在二樓陽台的庭院裡，看著叔叔和爸爸兩個人慌慌張張地抓著快要死掉的雞隻，在中庭裡拚命斬斷雞頭，趕快叫人拿到市場賣錢，能救回多少算多少，整個庭院因為斬雞而血流成河的畫面，到現在我始終忘不了。」

養雞生意失敗，父親的事業從高峰掉入了谷底，接下來就是綿綿無期的還債期。之後，父親又因觸犯票據法而進監牢，出獄以後滿面愁容的父親，已不若當年的風流倜儻。為了 5 個孩子，父親勉強打起精神賺錢，當起計程車司機。有一天夜裡，父親把鄭琨昌從睡夢中搖醒，載著他到圓環吃消夜。鄭琨昌說：「那次我真的忍不住問父親說：『阿媽這麼有

錢，為什麼你不去向她借錢，一個人這麼辛苦?』父親笑著對我說:『一切要靠自己，在哪裡跌倒就要在哪裡站起來。』當時的我不懂父親為什麼要這樣固執。」沒多久，他父親就因長期抑鬱寡歡而去世，那年鄭琨昌才 10 歲。「一直到現在，我還是想著父親，想著他說過的那句話。可是，他畢竟沒有照他說的，在哪裡跌倒在哪裡站起來。」

父親去世時，母親才 33 歲，過慣了少奶奶的生活，她只會兩件事，那就是玩和跳交際舞。現實生活逼迫她，讓她開始思索著如何養大孩子。後來，沒有一技之長的母親跑去學日語，當導遊專帶日本團，他則和姐姐兩個人，跑到大馬路上撿人家抽剩不要的菸蒂，撿了菸蒂先將濾嘴去掉，取前段的菸草，等到收集多一點後，再跑到台北橋附近賣給專門收購的菸販，拿了這些錢再到市場買水果，和姐姐一路扛到戲院賣水果給看電影的人們，有了本金便去賣戲院的黃牛票，一路躲警察，直到回到家中才安心。那時，「富家公子已不見了，上演的是苦兒流浪記。」

母親為了養大鄭琨昌 5 個兄弟姐妹，後來一直沒有再婚，靠著自己的力量撐起整片天。鄭琨昌說，從他的父母親身上，他得到血淋淋的人生智慧：父親生意垮了，朋友也如樹倒猢猻散一般，再也沒有人來找父親，這讓他了解交朋友的真諦；母親從一個少奶奶到拚命學一技之長的導遊，也讓他了解到韌性的重要，畢竟到了最後，母親比父親堅強，真

正從困境中站了起來。

■ 完成父親遺願，走上醫管之路

國中畢業後的鄭琨昌，想到如果考高中，未來念大學會造成母親的負擔，他想起父親生前曾希望他能走醫療行業，幾經考慮，他放棄了考高中和想學美術的心，轉而投考元培醫事技術專科學校（元培科學技術學院的前身）醫務管理科。在元培念書的這段時光，是他人生中最快樂的日子。「現在回想起來，那幾年有如化外俠士，整天不是釣魚、臥看夜空的星星，就是教學弟妹拳術和練習搏擊。」

他說，上了五專，家裡的經濟狀況逐漸改善，他才真正開始體會到讀書的樂趣。五專時的功課不算頂好，卻碰到了一位個性正直的英文教師林森鈴（後來任職於淡江大學英語系）。他不愛讓學生呆坐在教室中，常常帶著學生到樹蔭底下或是草地上講課，這種特別的上課方式讓鄭琨昌的英文程度一下子突飛猛進。這位老師活潑的教學態度，也讓他體會到人生不該哭哭啼啼，應該用開朗的心情面對一切困難，反而能得到正面的幫助。

民國 69 年，鄭琨昌開始他的第一份工作，就是到西園醫院負責管理工作。剛開始擔任人事主管時，醫院還是個只有 30 多床的小醫院，民國 70 年開始，病床擴增到 70 床，他參與規畫各項管理制度，在醫院內同時成立管理、醫療、護理等部門，以配合業務量擴大的需求。現在，整個醫院已經發展到診療科別有 26 科，病床數 167 床，專任主治醫師 30 位以上，員工約 300 人，單日門診人數曾高達 2000 人次以上，每個月的門診人數達到 3 萬人次。

工作 5 年後，鄭琨昌為了提升自己的專業能力，毅然放棄大好前程，辭職到日本展開「資訊管理 MIS」的學習之旅。在日本「國際學園日本語學校」就讀半年後，突然接到母親生病的消息，他趕回台灣陪母親作身體健康檢查，檢查報告一出來，他的臉綠了大半，因為醫生竟然宣布是「肝癌末期」，這個晴天霹靂令他不敢相信。

鄭琨昌了解，母親的病是長期勞累過度累積出來的，生病後期，母親幾乎已經沒有求生意志，只靠著點滴維持生命。看著母親因病而變腫的臉，臉上表情非常痛苦，她去世之前，鄭琨昌一個人坐在她的身旁，靜靜地看著母親的生命一點一滴地消逝。「從那一刻起，我才真正的長大，我沒有流眼淚，也知道自己從此成了孤兒，再也不能像以前一樣向媽媽耍賴了。」

為了償還媽媽在外面的負債和照顧幾個弟、妹的生活，鄭琨昌回到日本匆匆辦理休學，同時也放棄在東京一家醫院的工作機會，再度奔向西園醫院的懷抱。他做得比以前更起勁，還把醫院的醫療系統全面資訊化，將西園醫院的管理工作推上了軌道。民國 74 年，西園醫院被教育部評鑑為「三

級教學醫院」，後來更連續 6 次獲得衛生署評鑑為「地區教學醫院」。鄭琨昌說：「剛從學校畢業時，社會上醫院管理的人才很少，我剛好能碰上醫院管理的黃金時期，醫管的繁榮昌盛都讓我見到了。」

經歷事業高峰期　再啟人生新契機

「除了醫生的醫療行為不做以外，其他的工作全是我的工作。」談起醫院管理，鄭琨昌說，醫院的人事、總務、資訊、會計、病歷、保險申報、掛號、批價、工程、冷氣、水電、設備保養、洗衣、清潔、保全及各部門協調等，都是醫管的工作內容。「我的角色介於病患、醫師和醫院之間，就像三明治一樣被夾在中間，是很辛苦的。」

「現在醫生不好當，醫院難經營。」這是鄭琨昌常掛在

嘴上的一句話，醫療糾紛的增加，恐怕是各大醫院最頭痛的問題。身為醫院裡的最高行政主管，鄭琨昌必須陪伴發生醫療糾紛的醫生上法庭。「這個時候，我便成了醫生最佳的精神支柱。」

鄭琨昌說，在醫院當管理人員，不一定嚴格到得像法官那樣公正無私，不過，也必須謹守原則，否則一旦出了差錯，影響到醫療品質，「代誌可大條了」。工作上讓他最「天人交戰」的事情莫過於看著付不出醫藥費的民眾，基於職責卻得向他們催繳費用，「常常真的說不出口，話到嘴邊又吞了回去。」

有一次，一位工人來看病，他因為長期三餐不固定，工作又勞累，最後鬧出了胃病。病看好了以後，工人卻付不出2、3萬元的醫藥費。鄭琨昌說，他看著工人一家人，妻子背著一個幼兒，手裡還牽著兩個較大的孩子，心裡真的很不忍心。可是醫院要經營，不可能不收醫藥費，後來，他想到一個法子，就是讓這個工人分期付款，這個工人每個月一點一點地還，終於將醫藥費還完。

每天都在排除萬難的鄭琨昌，最難忘的莫過於處理一次抬棺抗議的事件。「那天的氣氛到現在我還印象深刻，面對十多位激動的家屬，他們在安全島上拉白布條、撒冥紙、抬棺材放在醫院大門口，甚至還得要警力進駐。」雖然經過多次協商，這個事件終於和平解決，但卻是他第一次碰到如此

紛亂的場面。

過去曾有醫院想要挖角他，他都沒有答應，鄭琨昌一直認為這個決定是對的。每每看到病患一進到醫院裡，還不知道能不能被救活時，院長一句：「先救人，錢再說。」總是教他感動許久。醫院本來就是救人的地方，只是，能夠先處理病患的仁心，現在已經很少見了。「最難能可貴的是，整個醫院裡服務滿 10 年以上的員工非常多，大家就像一家人一樣。」

看過大風大浪的鄭琨昌，親身走過醫院管理的黃金歲月，他知道現在醫院不好經營，台灣的醫院管理已經從巔峰期慢慢地下降。看著醫院的成長，他心裡很安慰，「但是安慰歸安慰，如果要繼續保持競爭力，還是得另闢道路。」所以他重拾書本，考上淡江大學管理科學研究所碩士班，再度為自己開創一條新路。

「能不能真的走出來很難說，但是，如果我現在不嘗試，未來只能等著被淘汰。」想到台灣加入 WTO，未來將與中國大陸及世界各國競爭，他認為，學醫管的人不一定要侷限在醫院裡，應該把眼光放遠，投入健康產業或是醫療相關產業之中。

■ 人生高潮迭起　只願知足常樂

從含著銀湯匙出生到上演「苦兒流浪記」，對鄭琨昌來

說，他過的不只是自己的一生，還將父母親的一生也一起承擔起來。財富現在對他來說有如浮雲飄過，但回想起過去的日子，他還是希望時光若能倒轉，父親可以不要被命運打倒，可以和他們一起成長，過著沒錢但平凡的日子。

現在的他擁有自己的事業、可愛的太太和 3 個活潑的小孩。歷經家庭的大起大落，目睹醫院裡的生生死死、人生百態，他知道有很多事情比金錢更重要，也逐漸懂得「知足常樂」的人生智慧。

微笑慈善家 黃志宜

——人生以助人為樂

吳　京：我在教育部任部長時，曾經倡導常態分班，很多人說這個政策找回了老師的尊嚴。印象中以前的老師很有尊嚴，現在好像漸漸消失，是不是很可惜呢？

黃志宜：以前我的父親是國小校長，當時補習的風氣很盛，父親總是很早就到學校替學生補習，一毛錢都不向學生收，學生在正常的下課時間以後，父親總會再上一、二堂課。逢年過節就有許多家長到我家送雞送鴨，這個情景到現在還很難忘。

受到父親的影響，我到銀行界工作以後，深深體會「君子愛財，取之有道」的道理，因此，在向員工進行教育訓練課程時，我常會提醒後進的員工這個道理。銀行工作有時候幫助別人進行危機處理，但是有時候也會被別人批評是「晴天借傘，雨天收傘」。

吳　京：你一直在家長會幫助學校，做了很多的公益，是什麼力量支持你的？

黃志宜：主要還是受到父親的影響，畢竟父親以前在學校服務時，就是受到很多家長的幫忙。現在我自己有能力，就不會忘記該伸出手來拉別人一把。

「來！來！來！有什麼借款問題等一下慢慢講就好，先坐下來喝茶再說。」黃志宜一雙狹長的眼睛，因為臉上充滿笑容，又瞇得更細更長了。客戶在他的招待下感受到溫

馨和舒服，不像別人老是急急忙忙地趕快把業務辦完，似乎永遠有下一個 case 在等待。他遇到客戶就像對待朋友，不疾不徐慢慢來。

很多人對銀行行員的第一個印象就是冷漠，也許是工作性質使然，不能讓他們在工作中夾雜著私人情感，每個人的臉上都顯露著冷冷的神情。黃志宜很特別，他給人一種金黃色的溫暖，沒有壓力、充滿信任，走進他的家，四周被黃澄澄的槐木家具包圍，空氣中隱隱散發出芬芳的木頭香，正如黃志宜本人給人的感覺一樣。

客廳裡擺設了上千個來自各國的貓造型飾品，令人眼睛一亮，「哦！這些貓飾品都是我太太帶回來的『戰利品』，看她那麼喜歡貓飾品，我也會在出國時替她買她愛的小飾品。」黃志宜自己則蒐集了數十台顏色炫麗的火柴盒小汽車，「愛上這些車子，主要是補償作用，因為小時候家裡的環境不允許我買玩具，現在每每經過玩具店時，看

到這些小時候不能買的小汽車，都會忍不住多看兩眼，就這樣把它們買回家收藏。」

■ 家無恆產　成功唯有靠自己

出生於民國 41 年的黃志宜，來自彰化縣線西鄉寓埔村，是個靠海的小漁村。祖父是個捕漁郎，但父親認為靠打漁過一輩子也不是辦法，便在叔公的資助下完成學業。他父親的學歷在日據時代可說是個奇蹟，因為日本人控制台灣的教育，不希望台灣人受太高的教育，他父親念到台中師範學校本科（8 年制），相當於現在的大學學歷，當時念到這所學校的台灣人只有 3 人。後來他父親又以第一名的成績畢業，保送到日本東京帝國大學醫科，無奈因為祖父早逝，只好放棄赴日本深造的機會而從事教職的工作。

由於父親只是一位國小的教員，家庭環境勉強能糊口，小小年紀的黃志宜便已了解，家無恆產，想要成功唯有靠自己的力量。父親為了讓家中的 5 個小孩各有所長，從小規畫他們在士、農、工、商等各領域發展，黃志宜偏愛商學，初中念省立彰化初商綜合商科，畢業後考上省立彰化高商，高商畢業後，他順利地找到了很好的工作，進入公營銀行上班，一直到當兵回來，仍然得以過著舒服的上下班生活。但在工作中他卻常覺得學識不足，於是再接再厲投考嶺東商專（嶺東科技大學的前身）企管科。民國 68 年，

黃志宜以「老鳥」的姿態進入學校，那時他 27 歲，和全班最年輕的同學比起來相差 9 歲。有了工作經驗後再回學校讀書，讓他更能了解書本中的境界，不僅大專三年都拿獎學金，而且因為年紀最大，被同學票選當了三年的班長。

「選擇企管科來念，最主要的原因是它是一切商學之母。懂了企管，其他商學部分也能夠觸類旁通。」黃志宜表情輕鬆地說著。尤其在早期的社會環境裡，專業分工沒有像現在這樣細，念好了企管，可以做的工作很多，出路比較廣，未來的生活就相當有保障了。

「從事銀行等金融業，清廉的人格特質很重要。只要是人就會有貪念，總想要一夜致富，賺取更多的金錢。所以對天天身處錢堆中的銀行行員來說，每天都是新考驗。有些把持不住的人到最後監守自盜，弄得自己身敗名裂，是最最可惜的。」黃志宜雖然這樣說，但要一個人不貪很難，他也不是天生就有強烈的道德感，而是從小被薰陶而成。

記得小時候，他父親擔任國小校長，為了校舍維修工作，很多人來向父親表示有意願承接維修工程。一天晚上，一位長輩認識的包工拿著禮物登門拜訪，希望他父親可以答應讓他做工程。他父親看到禮物便對包工說：「你太客氣了，還帶禮物來，快請坐。」包工說：「沒什麼貴重的東西，只是一件普通的襯衫而已，你平常可以穿。」後來，他父親覺得奇怪，打開禮物，才發現原來襯衫裡藏著 2 萬元新台

幣。他父親看了，親自把禮物退給包工，同時，仍依照學校維修工程的招標程序來進行。黃志宜親眼目睹這件事，父親並沒有特別告訴他做人的道理，卻早就將做人的道理直接印證在生活當中。

黃志宜說，念彰化高商時，曾經碰到一位國文老師，名字叫做張銳。這位老師在當時的老師群中是個異類，他是位印尼僑生，對自己的生活要求很簡樸，理著大平頭，穿著卡其褲，和一般老師的打扮差異極大。這個老師上起課來要求很嚴，古文翻譯時一字一句解釋得清清楚楚，不是一句帶過念個大概就好。從老師的身上，他清楚看到一個人認真做人的無窮快樂，老師帶給他的影響是「任何事情，都要從自己做起。」

■ 成功的領導者　從全心信任做起

黃志宜從嶺東商專畢業後，繼續回到公家銀行工作。七年來看透當時公營銀行的人事升遷及考績考核制度不夠透明，令他十分沮喪，他說：「明明是整個單位中最努力工作的人，卻不能往上升，幸運之神眷顧的永遠是那些有權有勢的人。像我從來沒有藉著職務之便，只為了自己的前途而放款給不符合條件的客戶，但仍舊不被重視，因為每次的人事異動都是跳過我。」這樣的打擊算是他人生中最令人洩氣的遭遇。有一天，他認真思考自己的未來，到底該

繼續停留在俗稱「金飯碗」的公家銀行呢？還是該掛冠求去，學良禽擇木而棲的精神呢？

經過反覆思索後，他覺得以自己的個性，往民營金融機構發展會更合適，畢竟民營單位一向重能力、看表現，少有親朋裙帶關係的包袱。民國 69 年投入中國信託至今，從剛進公司時的辦事員，到目前擔任個人金融台中區域中心區域經理，20 多年來靠著自己的努力一步步地往上爬。他說：「還好我從公家銀行出走，否則一生險些被埋沒。」

黃志宜的人生哲學簡單無比，就是張銳老師教他的——「任何事情，都要從自己做起」，所以，從和同事相處，到後來職位調升、領導團隊，他常告誡自己：「很多事情不用囉嗦，從自己做起就對了！」別人自然而然會受到正面的影響。在他接下台中中港分行經理時，這家分行的業績是

全省最後一名。監交過程中，以前的經理告訴他：「黃志宜，中港不能再退步了。」一年之後，這家分行果真沒有退步，在黃志宜調整簡單的工作信條後，中港分行的業績一翻又翻地跳到全省第一名。

到底是什麼祕訣可以在短短的一年內做到這麼巨大的改變？黃志宜推了一下眼鏡，略帶靦腆地說：「我只有兩個法寶：第一個法寶是充分尊重員工處理業務，第二個法寶就是承擔所有員工在授信風險中判斷錯誤的後果。」尊重員工就是讓自己的行事風格明朗化，信任員工在業務上做的任何決定。客戶要來借款、銀行要放款，中階幹部決定就算，不用請示他；如果真的發生授信風險誤判，銀行借出去的款項到了規定的時間卻要不回來時，他也不會責罵員工，馬上承擔所有結果，親自解決問題。

這樣的做法當然不是完全順順利利，他也曾出手弭平很多大大小小的「麻煩」。黃志宜說，別人認為讓手下的幹部決定借款、放款後出的種種狀況是麻煩，在他看起來卻一點都不麻煩。事後證明，這樣的狀況不斷減少，到了現在，員工們已經能夠準確判斷，「我要給員工機會學習，員工看到我收拾他們闖出來的爛攤子時，心中會有警惕，他們彼此也會互相學習、比較，下一次一定不可以再犯同樣的錯誤。當你的員工沒有人再犯錯時，主管就做得很輕鬆，員工們也會更加小心自己的所有決定，不用再讓主管擔

心。」

黃志宜說，在北部由於生活腳步較快，客戶到銀行辦事時，從頭到尾可能只有一杯水能喝，中部較有閒逸的心情，「客戶來找我，頭一句話不會是『你要做什麼』，而是說『先泡杯茶再擱講』。」對待客戶像朋友一樣，讓他們如沐春風。但是，工作上基本的界線依舊存在，不管進行什麼業務，絕對不會因為交情的深淺而有不同的待遇。

■ 獨樂樂不如眾樂樂　他樂當散財童子

黃志宜一向覺得「獨樂樂不如眾樂樂」，人生如果只求自己一個人快樂，不管他人瓦上霜，這種人生態度未免顯得貧瘠。十多年前，為了照顧嶺東商專學弟妹未來的發展，他主動搭起學校和中國信託之間的建教合作計畫，讓學生有更多機會到企業實習。

談到女兒的成長，他一向沒有缺席，從女兒念國中開始他就加入學校的家長會組織，只要學校有需要幫忙的地方，家長會二話不說，馬上盡全力相助。

有一年，女兒念的國中為了學生安全，想要建造一座人行陸橋，但是，學校的經費不足，無法拿出錢來，便找上家長會長黃志宜，看看家長會能不能替學校擬出一個解決之道。黃志宜動了動腦筋，想出一個兩全其美的辦法，「我趕緊為家長會加聘了 3 位台中市議員擔任榮譽會長，

告知 3 位議員學校急需經費蓋一座天橋。後來，經過市議員的交涉，向台中市政府爭取到 300 萬元做建設經費，問題馬上迎刃而解。」

黃志宜一輩子樂於施捨，在念嶺東商專時，學校舉辦了「愛國捐獻比賽」，當時身為班代的他，苦思該如何鼓勵同學多多捐款，後來他想到一個辦法，自己先以班代的身分捐出 5000 元，再找副班代和班上的幹部捐錢，「幹部看到我一下子捐 5000 元，也不敢捐太少。」於是，就這樣一個拉一個地捐錢，結果那一年全校「愛國捐獻比賽」，黃志宜他們班拿下了第一名。

這次的樂捐經驗非同小可，為黃志宜日後的公益之路奠定基礎，如今他在公司也經常性地發起樂捐活動，幾乎可以稱他為「樂捐之王」。有一次他看到新聞報導說，彰化地區一個國中女學生，父母在外出工作時，因車禍而不幸死亡。這位女學生成績優異卻不能上學，必須留在家中照顧年邁的祖母，女學生的老師看到學生好幾天沒到學校，進行家庭訪問後才發覺此事。黃志宜看完新聞，馬上發起辦公室樂捐，將大家的捐款一點一滴地累積起來後，再把樂捐到的 8 萬元送到女學生就讀的學校，請學校代轉給女學生。

現在，他擔任「中華民國兒童慈善協會台中分會」的會長，還帶著女兒一起投入公益事業，到了週末，他們父

女就陪著這些孤兒院的孩童們玩樂或聊天。女兒現在也是協會的義工，看到這些失去了父母依靠的孩子，自然能從中體會到珍惜的重要。他說：「孩子是國家未來的主人翁，幫助他們等於是幫助國家的未來，如果能有一股向善的力量幫助這些孩子，久而久之，這股力量便能在社會上循環下去，而幫助更多需要幫助的人。」

■ 業餘月老　最愛看別人過幸福日子

黃志宜從不吝嗇把自己的幸福分享予人，由於他和太太的感情很好，在一次偶然的機會裡，他開始替別人牽紅線，當月下老人，不過，他這個月下老人是業餘性質，從開始到現在不過撮合了 14 對，卻已有滿滿的月老經。

黃志宜當月下老人也曾遇到困難，有一位公司同事來找他，這位同事因為和同姓的男孩子交往，雙方家長都強烈反對，更別提婚事了。黃志宜靈機一動，到雙方家裡去「三顧茅廬」，第一次分別和兩人的雙親談些無關緊要的事，只是以主管身分去關心部屬家中的生活情形；第二趟才觸及到一些正題，講到關心部屬的感情生活；等到建立了信任後，第三趟回歸主題，向雙方家長分析事理，如果同姓但族譜顯示兩個人血緣離很遠，便不會有生下畸形兒的問題。如今，這對辛苦撮合的佳偶已經生下了三個孩子，雙方家庭的感情也非常融洽，這是黃志宜撮合前無法料想到的結果。

回顧人生的每一步，黃志宜希望自己現在行有餘力，能夠貢獻一點點力量回饋社會、國家，「做了那麼多年公益活動，才發現做好事也會上癮，即使身體再累，但是帶著女兒參加公益活動以後，心裡的滿足感卻是源源不絕支持我繼續下去的力量。」黃志宜笑著說。就像他從辦事員一路苦幹到區域經理一樣，也許人生中的某些事三分是由老天註定，但別忘了還有七分得靠自己努力才能圓滿完成。

生活哲學家 林木春

——奉行兩分耕耘，一分收穫

吳　京：台灣人是不是少了溝通？家庭、政府、國家、兩岸都不溝通？

林木春：不只少，而是全面都沒有溝通。以前，父母只教小孩「囝仔有耳沒嘴」，老師教學生「沉默是金」，結果，大家變得有話不能說，有話不會說。日久之後，社會變成各懷鬼胎，這都是因為大家長久以來不開誠布公的結果。

吳　京：你覺得學校知識應該怎樣與在職訓練配合？

林木春：學校所學是蹲馬步，到了社會就要一直學，如果學校的教育沒有學好，接受社會教育就會困難一點。而走技職路線的學生通常會被當二軍，其實是不對的觀念。長遠來看一個人，並不是看他從哪一個學校畢業，而是看他未來的貢獻。

現代人每一個人都想追求成功，更想一夜致富、一夕成名。但是，我常常在教育訓練課程中告訴學員，成功不是結果而是過程。高爾夫球一桿進洞的成功只是偶爾，它不是常態，如果你永遠追求一桿進洞，人生的其他美好都將錯過了。

「兒子，你該有感恩的心，不要每次都買那麼貴的運動鞋，以前爸爸像你這個年紀時，根本就沒有錢買鞋，都是『脫赤腳』吶……」，「哦！爸爸，你怎麼那麼奇怪，沒有錢用時為什麼不刷卡呢？」林木春正在台上主講「溝通與人際關係」，話

才講完，台下已經笑成一團。這個時候，他隨之神情嚴肅地告訴台下的聽眾：「溝通不是只講你自己了解的事，溝通需要有同理心，有了同理心後，溝通才有效果。」

夾雜著灰白頭髮的林木春，看他靜靜地坐在一旁時，會以為他只是一個普通的主管級人物。但是，等到他吐出連珠砲般的語句時，才會發現他有老頑童的氣息。服務於企管顧問公司的他，全省走透透，到處演講是主要的職責，如果你是他的聽眾，千萬要小心，一個不留神，很可能會有捧著肚子笑得從椅子上跌下來的經驗！

雖然到處演講，帶給企業公司的幹部許多新觀念，但是林木春還是有傳統的一面。他常掛在嘴邊的話是：「滾石不生苔。」他過去在中國航運公司當業務，一做就是 20 年。現在的年輕人動不動就換工作的做法，讓他很感冒。「我就是無法接受一個應徵者的履歷表內，洋洋灑灑的工作經驗。」他說，年輕人常會因為與公司同事相處的問題，就想要跳槽；可是，當你一直為了重複的狀況離職時，就要好好反省是不是自己出了問題。

從業務經理退休下來，林木春曾經遇到棘手的中年轉業問題，本來只想找一個輕鬆簡單的大廈管理員的工作安享晚

年，沒想到竟意外地踏進企業顧問公司當講師，一年到頭全省巡迴演講。「沒有想到中年轉業後，找到事業的第二春，做得比第一春還帶勁。」他笑笑地說。

為企業量身打造的專題演講，已經讓林木春成為企業界的溝通好手，一年 200 場演講跑下來，常可以直搗企業最大的弊病。「問題其實就在溝通。」他說：「過去 20 年的工作經驗，讓我隨手拾起各種問題與學員分享，我最愛用自己親身經歷過的例子當成演講內容，這樣不但能清楚了解缺乏溝通的弊病，更能拉近我與學員之間的距離。」他堅持當一個真真實實的生活哲學家，而不是高高在上的講師。

■ 難忘八七水災喪母之痛　比別人更渴望成功

民國 44 年出生，林木春在一個物資嚴重缺乏的時代成長，當時他父親在南投一帶務農，本來的平靜生活，竟因為一次歷史上的大水災而人事全非。水災不僅改變了他的家庭，更讓他比別人有更強大的毅力和韌性。談起那場水災，是他人生中最痛苦的一段記憶：「如果可以，我真希望從來都不曾看到那場水災。」說到這裡，他的眼眶已經溼了。

「就是八七水災，把我媽媽、一個哥哥、兩個姐姐全都沖走了。」林木春無奈地說著。民國 48 年八七水災那一天，雨下得特別大。「我從來沒有看到雨下得那麼大過。」爸爸和媽媽看到屋裡進水危險，於是把一個哥哥、兩個姐姐帶到稻草堆高

處，認為這樣孩子比較安全。

隨著雨勢一發不可收拾，整個稻草堆被水沖得浮起來，「爸爸、媽媽、哥哥和姐姐被大水沖走，從南投一路流到彰化，後來爸爸在大肚溪橋附近抱到一根木頭，整支杉木剛好卡住橋墩，經過兩夜後，爸爸才能爬上岸歸來。」失去母親疼愛的林木春，只能與父親、一姐、一妹、祖母相依為命。

「這件事對我的影響很大，別人是想要成功，我則是非成功不可，我成功的意志力比別人更強。」他說，用台灣話講就是「不要給別人看輸」，如果在他這種環境下成長的孩子，後來變成了壞孩子，別人會說那是正常，「我就是不希望落人口實，所以意志力特別強。不是想要成功就會成功，只有咬著牙關持之以恆的人才會成功。」

水災發生以後，家中的田地被大水沖走，整個家計就落在父親一個人身上。他的父親開始在路邊賣冰，幾個孩子也都利用放學時間幫忙招呼客人，林木春從國小一直賣到高中，每天幾乎要忙到晚上十點才能收攤。不能早收攤的原因是要準備隔天要賣的料，像是煮粉圓、糖水、切鳳梨等。他說：「我最記得切鳳梨了，真是一件最痛苦的事，因為買不起大的鳳梨，所以只能買小小顆的鳳梨回家，小鳳梨切起來很麻煩，既費時又費工，常常一個不小心，手就被刀子割傷。」

每天晚上十點以後才能看兩小時書，這兩小時對林木春來說非常珍貴，因為沒有錢補習，當時他已經學會「重效率，

不要看時間長短」，念書不是坐很久就能念好，效率比較重要。林木春知道自己的 IQ 不比別人高，所以，只能用努力來補不足。他說：「從小我就是兩分耕耘，一分收穫的奉行者。」到現在都是如此。「當你下的功夫比別人深，也許本來只想達到平起平坐的目的，可是往往到了最後，成果卻比別人還超前。」

憑著不服輸的毅力，他一路從彰化高中念到國立海洋大學航運管理系。工作多年以後，再到東海大學參加企業講座「高級管理師研究班」課程進修，目前已完成朝陽科技大學企業管理研究所碩士學業。

■ 拒絕原地踏步　推翻沉默是金

「誰都會有工作瓶頸，當我工作到第 15 年時，曾經有很嚴重的職業倦怠感，有一天突然告訴太太說想一個人到英國遊學，沒有想到太太竟然一口答應，還說小孩子她會獨力照顧。」林木春張大眼睛地說著，他不敢相信自己的耳朵，太太竟然那麼支持他，隨後他又考慮一些現實因素後，還是決定留在工作崗位上。他強調，找人分享很重要，一個人心中有了壓力，往往講出來以後就等於解決了一半，之後，另一半問題對當事者來說也不再是沉重的壓力了。

林木春從民國 66 年進入中國航運公司工作後，就一直待在同一家公司，直到民國 85 年退休。談到退休，是一場人生意外的戲碼，當時林木春的職位是業務經理，公司為了擴展東

南亞業務，特別派他到印尼工作，沒想到過沒多久，他就毅然決定辭去職務。「我離職的原因很傳統，主要是孩子和太太都在台灣，放心不下，乾脆回台灣。」他說得很輕鬆，不過，孩子的確是他的命根子。畢竟，他的童年曾經因為失去媽媽而孤苦無依，如今，他絕不允許自己在孩子的成長階段中缺席。

他說他從不相信「一夜致富」、「一夕成名」，只相信「腳踏實地」、「一步一腳印」。當他遇到瓶頸時，解決的法寶就是改變現狀。例如：讓自己再充電， 不論是回學校、聽演講，都是學習的方式，只要自己願意進步，就能夠從中獲得改變後的滿足。一般人會想要等待公司改變，例如：調整職位、調整薪水等，林木春說：「與其期待公司改變，不如先改變自己。」他演講時，常常告訴企業幹部們：「不能改變環境時，你要懂得適應環境，這不是消極地抵抗，而是積極地創造另一種可能。」

他常自嘲自己「是個不容易滿足的人」，所以時常有再學習的念頭。民國 73 年，他在東海大學就讀「高級管理師研究班」課程；過了 17 年，他竟成為東海大學企業講座的講師。林木春說：「17 年前沒有想到，以後會失去工作，中年轉業竟拿講師當飯吃。」有一天，他到東海大學準備上台講課，在教師休息室，巧遇 17 年前教過他的一位教師。當林木春向這位教師介紹自己 17 年前曾上過這位教師的課時，教師露出了「你好幸運」的驚訝表情。林木春如今回想，他今天的成功，不是幸運，而是靠著自己規畫的方向和方法一點一滴完成。

現在，「溝通」、「情緒 EQ 管理」是林木春最拿手的兩個題目，他說，以前的人說沉默是金，但現代人講求溝通之道，如果在一個團體當中，你老是沉默無言，恐怕就無法順利推展你的人際關係。在他的經驗中，溝通不是一溝就通，雙方是為了增進了解才溝通；不過，很多人反其道，本來要溝通卻不通，反而誤解更深。

他常告訴別人：「溝通是一門專門的學問，三個小時上完課剛好。」好的溝通要配合態度，態度又包括了是不是傾聽的、肢體語言的應用、專注的眼神、面帶微笑等，最重要的是從對方有興趣的事情下手。溝通之前，如果能事先做功課，了解對方的喜好、工作、個性、興趣等，等到資料蒐集了再溝通時，雙方的溝通效果會更好。如果是初次見面怎麼辦？他提出了一個「撇步」，就是從當時的環境下手。比如說相約在辦公室裡，就可以從對方的擺設喜好做第一步的溝通。一般而言，拉近了彼此的距離，就是好的溝通的開始。

■ 意外的事業第二春　激發出意外的人生

意外地從中國航運公司辭職後，40 多歲的林木春心想中年轉業不容易，大概只能找個輕鬆簡單的工作罷了。當時他

的第一個目標是大廈管理員，沒有想到過去上潛能開發課程時，認識了現在的老闆吳律師，吳律師慧眼識英雄，便延攬林木春去當企管顧問講師。他常笑說：「一個男人要碰上婚姻的第二春很容易，要找到事業的第二春卻很困難。」

林木春說，這次的經驗很奇妙，回想自己在中國航運公司當了10多年的業務，認識的人至少有5000個以上，名片盒灑開來幾乎要掩蓋整個辦公室的地面；不過，可惜的是，這些過去認識的人中，沒有一個人對自己未來的事業有助益，反而是不在預期中的一個人意外成了他生命中的貴人。所以他說：「我們人的一生中，只有很少數的人，真的能對我們有影響。」

他現在除了擔任公司的講師外，還兼任朝陽科技大學休閒管理學系、嶺東科技學院（嶺東科技大學的前身）推廣教育中心、僑光技術學院推廣教育中心、財團法人世貿中心的講師。幾年來，他應邀去演講的公司行號已經跨越三百六十行，不只私人企業邀請他，公家單位也常有他的足跡。如今，還有不少台商為了企業的成長，不惜重金把他請到中國大陸去為自己的員工上課。

為什麼林木春的演講會如此受到歡迎？他分析說，視覺、聽覺、內容是演講的三要素，這是「一對多」最有效的溝通方式。所以他常常會設計一些逗趣的口白穿插其中，自己有時候是個講師，有時候是個演員，有時候像個說書者，自創

的幽默對白穿插其中，冷不防地引起聽者意外的驚奇，就能吸引聽者仔細地聽下去，一場演講下來，聽者可以從他淺顯的演講內容獲得知識。「我的演講和別人不一樣，我自己揣摩並將別人成功的經驗作細部分解，再變成自己的。」

林木春說，記得從前在朝陽科大上課時，老師問大家一個題目：「為什麼有很多企業做得很成功，可是更常看到的卻是富不過三代？」很多同學七嘴八舌地回應：可能是第二代空有學位，卻不懂得真正的經營之道；企業家第二代常常夜夜笙歌；企業家的祖墳遭到有心人的破壞……。聽完了同學的分析後，老師很失望地說，怎麼就沒有人說到「因為企業內部沒有追求成長」呢？那次的討論課讓他恍然大悟，企業再怎麼成功，個人的學歷再怎麼好，如果都不再成長、學習，就只能等著被淘汰。

林木春再辛苦，都要扮演警鐘的角色，提醒別人時時學習，免得慘遭淘汰。他說：「教育訓練真的太重要，好的教育訓練是員工與員工之間用旁敲側擊的方式成長，不然，工作環境裡團隊的力量必定互相抵消，一加一不只不等於一，甚至還會小於一。要知道，好工作就是好好地工作。」

當一位教育訓練者，終極目標到底是什麼？林木春說：「就是讓企業凝聚共識，假如一個企業沒有共識，如何共處一室？如何一起共事？」別忘了，成長才是解決問題的方法！

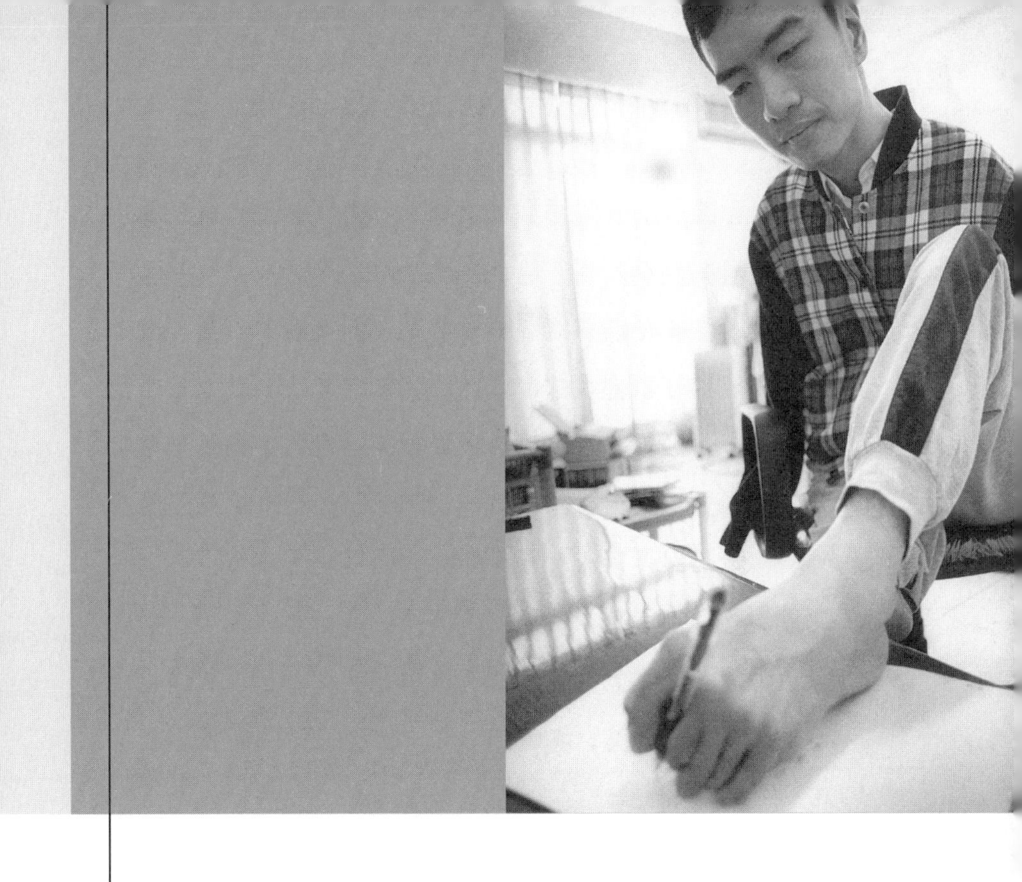

折翼天使 李志強

——用單腳追尋桃花源

吳　京：你為什麼會選擇技職之路？你覺得自己的成長和別人有什麼不同？

李志強：我當時是誤打誤撞走進來的，因為我的行動不便，所以可以選擇的學校不多，沒有考上嘉義高中，便參加五專聯考，因為考慮到適合自己未來的發展，一直以來就想念電腦相關科系。自己的成長經歷雖然跟別人不太一樣，但生命都是一樣精采。

吳　京：過去很多人說，台灣經濟奇蹟是由勞工朋友，也就是一群克勤克儉的技職人打拚出來的天下，你覺得未來的台灣，該如何利用技職體系的力量再創新經濟奇蹟？

李志強：我認為技職體系應該與市場相結合，讓產、官、學的經驗能夠在技職體系上做延續，學校甚至應該把新的知識傳遞到市場，才能讓學生學以致用，再創新經濟奇蹟。

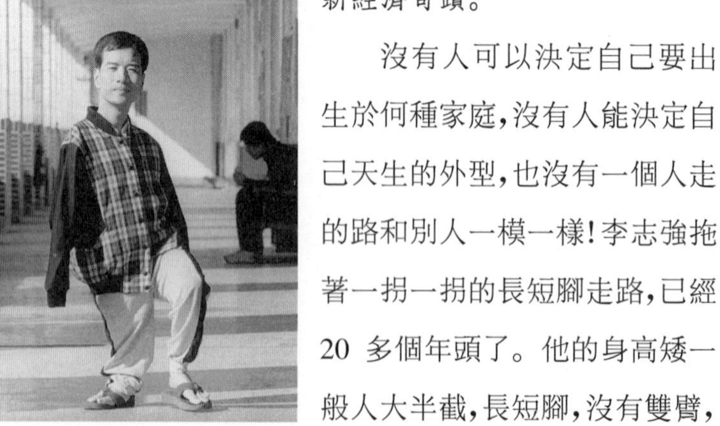

沒有人可以決定自己要出生於何種家庭，沒有人能決定自己天生的外型，也沒有一個人走的路和別人一模一樣！李志強拖著一拐一拐的長短腳走路，已經20 多個年頭了。他的身高矮一般人大半截，長短腳，沒有雙臂，是個一出生就毫無選擇的畸形兒。他曾經怨天尤人、憤世嫉俗、自卑無助，也曾經動過兩次自殺的念頭。如果可以選擇，他絕不要那麼「與眾不同」！然而，人生常常是毫無道理，老天給了你什麼，你也只能承受罷了。既然現實如此，李志強決定要從陰暗的角落站起來，並且，要用他唯一有力的左腳踏出自己的天地。

20 多歲的李志強，是同事、同學眼中的「強哥」，因為，他做起事情來可是個狠角色。沒有雙手沒關係，他訓練自己的左腳做事，拿筆寫字、吃飯、喝水、寫程式、打電話、打電腦，一概沒問題。不能用手穿衣服，那就用頭頂著衣服套到身上。現在，他不只是嘉義大同商專（大同技術學院的前身）網站的站長，還是南華大學資管研究所的學生，為了生存，他費盡心思地設計出自己的獨門方式來過日子。

從小守護李志強 20 多年的媽媽，因為癌症病逝。午夜夢迴時，他總是流著眼淚問蒼天：「為什麼？為什麼連我可以仰賴的親人都要奪走？」和同年紀的年輕人相比，他無法渾渾噩噩過日子，必須盡力找出人生的意義。終於，他站起來了，他把自己的遭遇看成是一則寓言，一則在表面下擁有深刻意涵的故事。「其實，說起來，老天爺非常眷顧我，每當我有困難時，總會有貴人相救，從小到大不知遇到過多少好心人，我更該以感恩的心去面對一切，有機會時也要幫助比我更需要幫助的人。」李志強開懷地笑著說。

■ 母親的愛　如同浩瀚大海

李志強年紀很輕，是E世代青年，民國64年出生的他，是家中第一個孩子。母親在懷他時，整個家族的成員都很期待，直到生產的那一天，當他的母親李雷碧雲生下了寶寶後，助產士卻反常地沒有把新生兒抱到她的面前，經過她聲聲的催促後，助產士只得怯怯地將李志強抱過來。李雷碧雲第一眼看到李志強時，如同晴天霹靂般差一點昏死過去，怎麼樣都不能接受一個沒有雙臂又長短腳的兒子；再仔細一看，孩子清秀可愛的面容打動了她，李雷碧雲下了決心，再怎麼困難，都要把孩子撫養長大。

取名為李志強，李雷碧雲希望孩子從小要了解自立自強的道理，不過，還是小娃娃的他並不知道，因為母親生下了他，竟被親戚們視為「不祥之人」，很多親朋好友都認為李志強是個「妖怪」，越來越少人敢踏進他家的大門。受到眾人排斥的李雷碧雲，信心卻更加堅定，一定要把李志強養大，不然，就太對不起這個可愛的孩子了。

李志強小時候很難帶，上小學以前，因為腳的力氣不夠，即使到了該學會走路的年紀時，他仍然沒有辦法像正常的小孩一樣走路或是跑跳，只能靠拖著屁股來移動。每天全身上

下總是因為在地上拖行而弄得髒兮兮，母親看見他的模樣，即使心疼也得強忍住淚水，一次又一次地教他走路，失敗了再教，跌倒了再扶他爬起來。母親的眼淚好幾次落在他無知清純的臉龐上，小小年紀的他不了解母親眼淚成行的原因，反倒投以母親天真無邪的微笑。

因為行動不便，李志強沒有上幼稚園，李雷碧雲覺得孩子這樣下去不行，終究得面對社會。於是，她強迫李志強去上學，適應團體生活。剛開始時，他天天哭喊著不想去學校，整天都想耍賴。有一天，母親狠下心來把李志強抱進教室坐定上課，自己偷偷躲在一旁看，見到李志強情緒穩定後才離開，在沒有選擇的情形下，他只好坐在教室裡聽課。進國小以後，他慢慢學會了走路，李雷碧雲第一次看到李志強一拐一拐地走路時，眼淚奪眶而出，緊緊地抱著他許久。

李志強說：「因為我的樣子和別人不一樣，一開始，別的同學都會怕我，沒有人敢跟我聊天，我想了一想不是辦法，乾脆就加入別人的對話，主動找別人聊天。」結果，這一招果然有效，漸漸和同學熟悉後，大家都不再覺得他很奇怪，因為大家發現，李志強除了四肢和常人不同外，其他的部分和一般人並無兩樣。

李雷碧雲見到李志強已經能夠跨出第一步，接受學校生活後，接下來要進行第二階段的訓練——寫字。沒有雙手的李志強，如何拿筆寫字，這是一個極難克服的障礙。她要求

李志強用長的那一隻腳練習寫字，伸出左腳夾筆，變成李志志每天最痛苦的功課。剛開始時腳趾頭根本沒有夾住筆的力

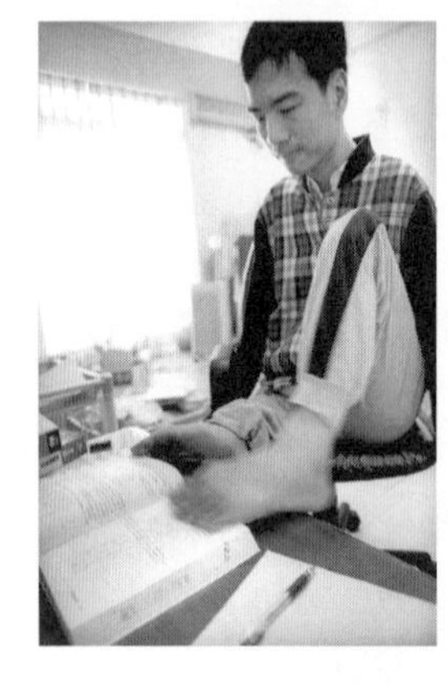

氣，他大發脾氣不想學夾筆，又哭又叫地怨恨周圍的一切，母親卻仍舊用愛激勵著他。皇天不負苦心人，雖然練夾筆練到腳抽筋，他終於學會用腳寫字了。「現在，我的腳就像手一樣，腳趾頭被訓練得相當靈活，不只拿筆寫而已，用滑鼠、吃飯、拿湯匙等食衣住行都能靠左腳完成。」

李雷碧雲無盡的愛，像大海一樣地給李志強溫暖，也像是護身符一樣地守護著他。她常告誡李志強，一定要學著獨立自主，因為媽媽再怎麼陪他，有一天，他終究還是得自己走人生的路。李志強因為沒有手，到學校上洗手間都要人幫忙，年紀小時因為害羞，不敢向同學提出要求，所以他常常一整天在學校裡都不敢去洗手間，回到家裡看到媽媽，終於忍不住號啕大哭。李雷碧雲心中萬般不捨地抱著他一起流眼淚，但是，她依舊告訴他：「要學會獨立，因為媽媽不可能永遠陪著你，媽媽早晚有消失的一天。」

言猶在耳，李志強並不以為意，直到他的母親因為身體不適到醫院檢查，才知道母親已經是肺腺癌末期。一個多月以後，他的母親便去世，年僅 46 歲。「這個打擊太大了，到現在我還不能接受媽媽已經去世的事實，總覺得自己被媽媽

抱在懷裡，還是不久前的事而已。」李志強忍住了淚水，他知道以後再也不能隨隨便便掉眼淚，他會努力克服困難，就像母親當年訓練他寫字一樣地走出來。想起媽媽的愛，他說：「我會堅持走下去，直到最後一秒，媽媽的恩情，我只能下輩子再還。」

■ 左腳按下　解開生活密碼

早上 7 點準時起床，起身後一拐一拐地用左腳刷牙盥洗一番，李志強美好的一天即將開始。「好了，再把衣服咬住，利用頭的力量穿套進去就 OK 了，從起床到出門只要 15 分鐘。」李志強對自己的速度很滿意，準備就緒後就等著搭妹妹的摩托車去上班。李志強因為長短腳，無法在後座坐穩，他一定要站在前面踏腳處，遠遠看起來，就像是媽媽載著孩子出門一樣。

因為妹妹上班的時間早，搭便車的李志強常是第一個到辦公室的人。他目前是大同商專網站站長，大大小小的事情都歸他管，以前在學校時就是個電腦強「腳」，做了網站站長後，同事都說李志強是個「有求必應」的人。有時候，接到同

事要修改程式的求救電話，他二話不說，立刻伸出左腳按了滑鼠開始操作，修改完了會禮貌地打個確認電話給同事，不要懷疑，打電話用的正是左腳。

一般人用手打電腦，李志強卻用左腳打電腦，他笑說：「誰說電腦一定用手操作呢?」看他把腳高高舉起放在桌上敏捷地移動滑鼠，看起來真像個神勇的統帥。他說，用腳操作電腦能這麼靈活快速，主要是因為國小時愛打電動，沒有雙手就用單腳練習，到了大專念資管科，他也必須和同學一樣在鍵盤上敲作業，靠著大腦傳遞意念，現在他的每根腳趾頭都變得很靈敏。

說起回到母校工作，李志強非常感謝大家的幫助，從大同商專資管科畢業後他積極地找工作，想分擔家中經濟壓力，到處面試卻屢屢碰壁，好不容易有一家電腦公司肯定他的能力，但是面試時看到他是個連上洗手間都要別人幫忙的重度殘障者，最後還是回絕了他。

他說，被電腦公司拒絕的消息讓大同商專知道了以後，校長楊文雄馬上表示願意幫忙，之後正巧因為計算機中心職務有缺，經過當時資管科主任張松露和電算中心主任吳淇森大力奔走，李志強終於順利回到母校服務，這也是他畢業後的第一份工作。出於一股強烈的上進心，他後來又念了空大，還考上南華大學資管研究所，現在過著半工半讀的日子。「我真的很喜歡電腦，也擅長寫資料庫，希望能加強自己的專業，

更上一層樓，以彌補身體上的殘缺。」

李志強的努力被人知道，嘉義市殘障者服務協會推薦他參加專為身障者設立的「金鷹獎」，他的事蹟感動了評審委員，在全國多位身障者中脫穎而出，勇奪獎章。他的得獎，學校師生都與有榮焉，嘉義市長也親自到學校鼓勵他。李志強的奮鬥歷程一時之間在嘉義地區傳開來，甚至還有國小校長邀請他到學校為全校師生演講。李志強靦腆地說，演講題目是「我的一生」，小朋友聽得很認真，也問了他很多生活上會面臨到的問題。「其實我還有很長的人生路要走，我只能拿已經被我克服的事情與小朋友分享，至於以後的事，那就要經歷過後才能說了。」

■ 許下心願　談一場美好戀愛

「挫折，是我最好的朋友。」李志強淡淡地說，現在的他看起來是樂觀、外放、充滿笑聲的陽光男孩，但是，過去充滿苦難和挫折的歲月中，他也曾兩度想要放棄生命。「專二那年，走上樓梯時沒踩穩，一下子摔到地上，導致我必須割掉一個腎臟。躺在醫院裡，我埋怨上天為何對我如此折磨，曾經動了自殺的念頭。但當時社會各界溫暖的雙手為我打氣加油，讓我覺得一定要通過上天對我的考驗。」

他說，生活中最令他困窘的就是到洗手間得有人幫他拉拉鏈、穿褲子，甚至得靠人幫他洗澡，只因他沒有雙手。為了解決生活上的不便，他在畢業後滿心歡喜地到醫院求診，希望能夠裝手部義肢，結果，醫生說他手臂連一點殘肢都沒有，義肢根本無處固定，況且，一隻電腦手臂就要二、三百萬元，怎是他負擔得起的呢？「聽到醫生說完話的那一刻起，我的心都碎了，又動了想自殺的念頭。」如今，李志強都走過來了，談起這些事，已顯得雲淡風輕。

雖然醫生宣判毫無希望，他依舊悄悄立下裝義肢的心願，「如果醫生不能裝，那我就自己發明，我再把電腦的技術讀通一點，發明可以用的電腦義肢，這樣，我就能每天自己洗澡和上洗手間了。」相較於同儕，年紀輕輕的李志強，肩上背負的壓力的確沉重許多。儘管如此，他還是和一般年輕人一樣有個夢想，就是在有生之年一定要談一場轟轟烈烈的戀愛，與自己相愛的女子共組家庭。

堅毅女傑 林文英

——用眼淚編織美麗人生

吳　京：妳一路照顧中風的父親 20 多年，是什麼力量讓妳做到的？

林文英：可能天生喜歡照顧別人吧，父親躺在床上 20 幾年，我不忍心離開他，等到他去世以後，我很傷心，一方面是知道他的苦，另一方面是覺得自己好苦。後來，就去照顧社區的其他老人。看到現在的人忽視自己的父母，覺得很心疼。我現在一有空就會和社區的老人們聊天，希望能把愛傳出去。

吳　京：妳這一生好像都沒有真正為自己做一些事，都在為別人奉獻自己的時間和體力。

林文英：以前為了照顧父親，學校的正規教育學得不夠精湛，後來，我常常開車載著女兒到處去聽演講，到處去參加社會教育，在社會教育上成長不少，就怕自己步上母親知識不足的後塵。母親因為書念得不多，讓我在成長過程中受盡委屈，所以，我不要像她，我要成長。我也常在社區做服務的義工工作，心中常因為服務而得到平靜。說沒有為自己，其實也是有的。有一件事情，一定要為自己做，就是買口紅，一旦抹上口紅，我的自信就來了。

林文英 10 歲時，爸爸突然中風，她年紀還小，還不了解中風後的人一輩子都要躺在病床上，所以老是躲在門後面偷偷地懷疑著，爸爸怎麼和鄰居家的爸爸們生活型態都不一

樣，別人家的爸爸是早出晚歸，自己的爸爸卻老是不下床走走路、做做事，或是陪孩子聊聊天。她記得小時候，爸爸很愛參加活動，日據時代時是蘇澳鎮地方義務消防隊長，愛吟詩、愛演戲的父親，外表風度翩翩，還念了不少書，只是一場大病，卻改變了他和家人的一生。

林文英 20 歲時，正值面容姣好、雙十年華的階段，卻發生母親在趕賣點心給學生的途中，不幸被遊覽車撞死的意外。剎時，林文英了解，她這一生就要為愛走天涯了。只是這愛，不會是男女之愛，而是將愛奉獻給病榻上的父親，以及兩個還需要她照料的年幼弟弟，她願意一生為家庭所牽絆。

一場影響深遠的家庭變故

現年 50 多歲的林文英，出生在好山好水的宜蘭蘇澳，有著宜蘭人外冷內熱的個性。她在民風純樸的鄉間長大，經歷過台灣最刻苦、物質最缺乏的 50、60 年代。她說，到菜市場撿菜販丟在路旁的菜葉、到魚市場撿拾魚販賣不出去、打算大量絞碎的魚頭，都是她每天的例行公事。當養殖業者準備要把沒人買的魚頭丟到大魚池去養魚之前，她則是慌慌張張地拿著大鍋子到魚市場撿些魚頭回家。有了魚頭，今天晚上家人又可以加菜了，補充營養正是靠著人家不要的魚頭。生活雖然苦，但只要想到家人喝著她煮出來、熱騰騰的

魚頭湯，她便感到一股暖意湧上心頭。林文英說：「像這種苦日子在當時是很普遍的，很多人都過著這樣的生活。不過，那個時候的人不覺得苦，只求三餐能夠溫飽就很滿足了。」

這樣的日子過久了倒也習慣，直到她國小四年級時的某一天，家裡突然發生驚天動地的大事，身為家中經濟支柱的爸爸在過度操勞之下，竟然中風了！那一天以後，所有人的表情都變了，媽媽時常一個人走著走著就哭了出來，全家陷入愁雲慘霧之中。父親中風時才 37 歲，正值壯年，10 歲的林文英還不知道什麼叫中風，只知道媽媽常帶著爸爸到處去求醫，家中的大小事全由林文英一個人擔了下來，小小的心靈敏銳的感覺到家裡氣氛一下子從天堂掉到地獄。臥病在床的父親一開始並不知道自己會一病不起，後來因為一直沒有辦法復原，只得從花蓮貨運的主任職位退休，拿了幾萬元資遣費，這些錢後來也在父親住院醫療時花得精光。家裡不安的氣氛一直影響著她，父母兩個人幾乎天天淚眼相對。

剛開始時，父親常因為不能適應臥病在床的生活而像孩子般地嚎啕大哭，媽媽也只能偷偷掉著眼淚。直到醫生宣判沒有辦法醫好以後，父親就不再住院，回到蘇澳老家養病，由母親撐起家庭的一切。每當母親出外工作賺錢時，林文英就像個小媽媽一樣負責照顧兩個年幼的弟弟，還一肩挑起所有的家務事，洗衣、煮飯、清掃家裡、照顧爸爸等工作，和她上學一樣的重要。

生活的擔子再怎麼重，父親躺在病床上，還是告訴林文英：「唯有教育，才能讓一個人翻身。」為了爸爸、也為了家人，她賭一口氣，絕不能讓別人看不起，即使是半工半讀，她也要完成學業。只是林文英再怎麼有毅力，畢竟還是個半大不小的孩子，即使是鐵打的身體，也經不起天天的磨損。好不容易中學畢業後，她因為長期照顧爸爸，自己也累得病倒了。

林文英說，初中畢業後養病拖了 3 年，直到民國 59 年，才進入國立羅東商業職業學校會計科夜間部繼續讀書。生活的壓力，讓她每天忙得團團轉。早上在蘇澳鎮代會上班，一邊做著小妹的工作，一邊還要照顧病床上的父親，回到家把爸爸的晚餐打點好，她再匆匆忙忙地趕到羅東念書。一般人只要念 3 年，她卻花了 6 年才畢業。「沒法度，我必須工作，太累了，只好讀一年，休學一年。就這樣，高職的畢業證書我用了 6 年的時間才拿到。」

■ 儘管舉步維艱　也要堅持上進

高職畢業以後，她不容許自己怠惰，又投考復興工專（蘭陽技術學院的前身）。因為當時學校只有化工科和土木科可以選，她不懂土木，只好選化工科夜間部。花了 3 年的時間，每天從蘇澳搭火車到頭城，天天只能睡 4 小時，念書的時候心情也不能安穩，總是想著家裡的父親不知道有沒有把飯吃完？有沒有因為要起身上廁所而發生意外？會不會為了拿個東西沒有扶好而跌倒？不知道鄰居有沒有幫忙看望父親？

林文英的求學之路跌跌撞撞，她用手指頭算了一下說：「從高職到大專，我前前後後花了 13 年的時間才讀完書。從復興工專畢業時，已經 30 高齡了。」很多以前的同學，在 30 歲時早已嫁作人婦，相夫教子，但林文英卻不是，她才剛剛拿到一個令她滿意的學位，生活的重心主要還是在照顧爸爸和支付家庭開銷。

想起她以前在復興工專的趣事，林文英說，以前等她通車趕到學校時，幾乎已經要上課了。通常才喘一口氣，老師就跟著她的腳後跟進入教室開始上課，同學們每每都把後面的座位坐滿，所以等到她進教室時，只剩下中間排的第 1 個或是第 2 個位子。同學們後來就把這個位子稱為「林文英的寶座」，除了她以外，別人是不能坐的。

林文英說:「這段求學之路對我來說，實在太重要了。即使我身處困境，依然要向別人證明自己是個知道上進的人。」如果沒有這些學校裡的課程知識作後盾，她無法在人生的路途中看見光明。更重要的是，這些過程，讓她原本自卑的心開始壯大，漸漸有了自信與成就感，讓她更能活得抬頭挺胸。她甚至還成了鄰里中的典範，不少父母開始拿林文英當榜樣鼓勵子女說:「人家林文英要照顧中風的父親，還可以念到專科，你為什麼不可以?」林文英的故事就這樣慢慢地傳為地方佳話。

如今爸爸已經去世，林文英不用再照顧他了，當她又重回當時上課的教室，坐在同學們留給她的「寶座」上時，林文英的臉上流露出靦腆和不捨，眼淚頓時湧上了眼眶，好似又回到 20 多年前的自己。苦難的日子已經結束了，現在回想起來，她其實一點也不覺得苦，也不知道自己當時怎麼有

一股這麼強大的力量能照顧爸爸，只知道路要不斷地往前走、往前走。人生的苦痛，奪不去林文英臉上開朗的笑容，只是，在這個笑容背後她忍不住吐露：「我好想念爸爸，希望他一切都很好。」

■ 重重磨練，塑造出堅毅性格

談起照顧中風的爸爸，林文英說，她每天早上第一件事情就是要扶他起床尿尿。先把爸爸扶正以後，再趕快拿個盆子接他的尿，等他尿好以後就能坐下來。爸爸的座位得有特殊設計，在座位下鋪個籃子放點小雜物，讓他可以拿到一些需要的東西。由於中風的病人不能一直躺著，容易長出褥瘡，所以她每天要帶他運動，早、午、晚各一次，如果其他時間有空，她還會帶著爸爸再做一次，帶著他繞著家裡四周走一圈。由於她細心地照料，父親病了 28 年多，卻從來沒有長過褥瘡。

每天照顧爸爸的生活起居早就習慣了，不過，到了冬天卻特別難捱。林文英白天上班、晚上上課，回到家時通常已經凌晨一點了。實在太睏了，所以常常爸爸隔著牆叫喚她，要她起身拿盆子讓他尿尿，可是她卻怎麼叫也叫不醒。這個時候，爸爸就會聲淚俱下地難過起來，不斷責怪自己拖累了女兒，害得女兒這麼辛苦。為了儘量避免讓爸爸心情難過，林文英趕緊在自己的房間加裝聲音響亮的電鈴，以便爸爸晚

上想方便時，一按鈴，她就能從床上跳起來幫助爸爸。

細心的林文英，每當上班或上課時間無法照顧爸爸，就會請鄰居的小孩到家裡坐坐，陪爸爸聊聊天，順便看看他有沒有什麼異狀；或者，在週日時，她會用輪椅推著爸爸上教會，認識許多教會的弟兄姐妹，如果教會的好朋友有空，就請他們到家裡跟父親講講道，以排解父親心中的苦悶。

很多鄰居看到林文英青春正茂，卻一直過著照顧爸爸的生活，很心疼她，忍不住想為她做媒。不過，林文英卻一一回絕，理由是她知道要別人接受她爸爸並不容易，所以她早就做了獨身的打算。有一天，她照例推著爸爸到教會時，又有鄰居跟她提起婚事，她趕忙在爸爸的身後比劃，要求對方不要再說了，免得爸爸聽了又要傷心難過。林文英說，她父親老是怪自己拖累了她的青春，但是，她完全不這麼想，對她來說，照顧生病的爸爸是為人子女應盡的義務。

不幸的事情再度發生，民國 59 年，林文英的媽媽在一次送貨到學校的途中，不幸被遊覽車撞到，當場喪生。這起意外是蘇澳地區發生的第一件摩托車意外事故，她記得還請來名法醫楊日松為母親相驗。談到母親，林文英覺得媽媽的一生其實也過得很委屈，那個時候民風太保守，爸爸中風後，媽媽必須代替爸爸出外工作，一個女人在外拋頭露面，總會惹來鄰里之間的閒言閒語，媽媽常常受不了壓力，就會打林文英出氣。成了媽媽的出氣筒的林文英，每次去河邊洗衣服

時，歐巴桑們看見她的新傷痕，總是感嘆地說：「夭壽喲！打成這樣。」也因此，當母親車禍身亡時，竟然還有鄰居跑來她家安慰她說：「妳好命了，不用再被打了，從此可以自由了。」想起這段人生際遇，林文英感慨萬千。到現在 30 多年了，她對母親過去對她的責打已經完全釋然，不再怨恨。她了解，當時媽媽心中的苦楚，沒有人可以說，沒有人可以替她承受，更沒有社會資源可以供她利用，所以，只能用最直接的方式發洩情緒。

林文英說，現在每次路經媽媽出車禍的地方，還是不能忘懷，總覺得一股悶悶的情緒油然升起。她睡覺時，如果發現自己躺的姿勢和媽媽當時出車禍時的姿勢一樣，她就會嚇得趕快換另一種睡姿，可見她心裡的陰影一直存在到現在。爸媽都去世了，但她還有一件責任未了，那就是照顧她的大弟。大弟因為從小看著父母淚眼相對的慘況，心裡充滿無處宣洩的壓力，後來跑到日本讀書，一心想要成功、想要光耀門楣，卻因為壓力太大而變成精神疾病患者。看到大弟發病，林文英懂得很多事情要看開。至今，她仍舊關心弟弟的病情，並分享他的喜怒哀樂。

■ 榮耀背後的辛酸

由於林文英不眠不休地照顧久病的父親，在地方上成為事親至孝的模範。民國 65 年，當時她 30 多歲，學校推薦她

參加全國好人好事代表的角逐。林文英一開始拒絕這個好意，她向老師說：「我太年輕了，受不起這個獎，這個榮譽太重了。」沒想到，那一年她真的當選了好人好事代表！

頒獎的那一天，她在台上受獎時淚水直流，很多人以為她太感動了。林文英說，她不是感動自己終於拿了獎，其實，她心裡千百萬個不願意拿到這個獎，她寧願家裡就像一般人的家庭一樣，不要有臥病在床的爸爸，不要有患了精神病的弟弟，不要有為了賺錢不幸發生車禍喪生的媽媽。

林文英還記得，當天從台北受獎回到蘇澳時，熱心的鄉親特別請了鼓號樂隊到火車站迎接她，音樂聲震耳欲聾，但她的臉上卻早已淚流滿面，不管別人怎麼拿著麥克風叫著：「讓我們歡迎得到全國好人好事代表的林文英小姐榮譽歸鄉……」的介紹，她一個人抱著獎從車廂的另一頭溜掉，拒絕了所有人期待的眼光。好人好事代表獎座曾經被她丟棄過，後來又被好心的鄰居從垃圾堆中幫她撿回來，一直保留至今。

將思念父親的心情　擴大成對社區老人的關心

現在的林文英有更多自己的時間，但照顧父親久了以後，她已經閒不下來了。50 多歲的她，如今才能完完全全體會「樹欲靜而風不止，子欲養而親不待」這句話的意涵。所以時常趁著孩子上課的空檔，開車四處去繞繞，看哪戶人家的老人無聊，就跑去跟老人們聊天。

表面上林文英雖然堅強地說自己過的是「只要義工、不要老公」的日子，不過，曾有過一段短暫婚姻的林文英，還是在這段感情中受了傷害，先生終究是沒有辦法完全接受中風的老父，她只好黯然結束了婚姻。現在的她對命運的安排倒是很坦然了，她說：「這種日子過到現在，我可以說自己真的是天下無敵，天不怕地不怕了，任何事情都難不倒我。」

女兒現在正在上高中，還需要林文英的照顧，過去她的媽媽對待她的方式，她絕不會用在自己女兒的身上，只是對於沒有辦法給孩子一個完整的家庭，她感到相當抱歉。

一個人的日子，林文英已經走得很習慣。不過，掩不住嘴角的笑意，她說：「等女兒長大以後，我一定要轟轟烈烈地再去談場戀愛，過著自己的人生。」吐出了真心話，她流下一滴眼淚，算是對自己過去的人生做個交代。

打火豪傑 陳明德

——不愛橫財愛寶劍

吳　京：你一直奉行從做中學嗎？技職體系的學生一向外語能力較弱，你的英文是怎麼練的？

陳明德：我一直強調從做中學，講究 on-the-job training，只要一有機會就去學習，英文能力好是五專時被老師逼出來的，老師要求住校生每天念英文，還要背誦 5 個句子，如果背不出來就要被拉耳朵。現在公司的工作夥伴中有不少技職生，他們的英文通常不好，我也逼他們學習，現在都進步很多。

吳　京：你以前在學校時期就參加武術性社團，這對你有很大的影響嗎？

陳明德：我練空手道和跆拳道，空手道達到三段，以前能劈三塊磚頭，現在只能劈兩塊，可見什麼年紀練什麼功夫。不過，練武的最大好處就是忍功了得，絕不輕易出手，這是練武的最高境界。

我常覺得技職學生因為有很多機會參加各式社團活動，不管在人際關係、對自我的期許，都比較成熟。就像我從小參加童子軍，童子軍講求互助合作的精神，對我後來的性格有很好的影響。

如果不是因為時代的演變，都市化後將房屋從平房抽高成大廈，365 行裡的消防工作，頂多停留在拿水桶潑水救火的階段，還不用麻煩到家家戶戶得架設消防水管管線。光武工專（北台科學技術學院的前身）畢業的陳明德，學的是機

械，現在從事消防安全設施的設計工作，他覺得自己是個愛跟火作對的人，他常說：「消防業在 365 行裡算是稀有產業，同業不多，可以比較的也很少，自己實在可以列入國家稀有動物的保護範圍之內。」

■ 鍾情寶劍　拒絕誘惑

走進陳明德服務的泰科國際集團，一進門便清楚地了解他做的是什麼工作。位在工業區大樓中的 4 樓辦公室，照理說還不需要設置消防灑水系統管線，但是，只要眼光稍微往上掃，便能看見天花板上布滿像蜘蛛網般密密麻麻的管路，問他是不是從事了消防工作後變得比較怕死？他笑著回答：「並不是，這些消防管線就是公司的標記，來訪的客人，只要看到管線，不用多作說明，就知道我們公司能提供什麼服務。更重要的是，這些管線是其他同業做的，我想時時刻刻提醒員工，別人可以將管線設計得如此完美，我們為什麼不能？」

剛見到陳明德的人也許會以為：「哦！又一個很嚴肅的總經理。」其實不然。可能是美商公司帶來的影響，他全身上下充滿著一股美式風格，可以輕鬆地和員工交談，即使不免會有代溝，但他總是願意找機會聆聽員工的心聲。

身為一家美商專業顧問公司的總經理，做的又是稀有的消防暨保全工作，陳明德可說是在縫隙中求生存。現在，幾乎所有的大樓，為了安全的考慮都會架設消防系統管線，所以陳

明德常得帶領公司的工作夥伴，一起投入大樓消防系統的設計工作。如果案子是個大商圈或是公共工程計畫時，一定得經過公開的招標作業程序。這時，關說、利誘等商場上慣用的伎倆通通都會出招，他卻總是能四兩撥千斤地見招拆招。

陳明德說：「有時候黑道找上門，說他們也想分一杯羹，要跟我談條件，條件就是常用的那一套——『搓湯圓』囉！有時候，他們會要求我退出招標，我會看情形決定。」畢竟商場詭譎多變，他一個人不敵黑道，有時候只能退而求其次。不久後，黑道又會再找上門，這次不是威脅，而是送錢來，以感謝他的配合。「我當然不能拿這個錢，但也不會像電視劇演的那樣，很不屑地把錢丟到門口。通常我會很客氣地婉拒這筆錢，這樣，黑道就欠我一次人情，當他們下次再來要求我退出招標作業時，我會告訴他們，公司也要生存、營運下去，你不能讓我無法對上頭和員工交代。」就這樣，也有黑道打退堂鼓的時候，這就是陳明德談判、協商的哲學。

在商場上打滾了這麼久，陳明德也不是省油的燈，他說：「這就是中國人講求的中庸之道，我不會與黑道起衝突，也不去得罪他們，中心思想很明確，就是絕不收取什麼好處或回扣。一旦收了這些錢，完蛋了，你就中計了，就像是古人所說的『引君入甕』。」道理很簡單，他分析說：「一旦真的拿了黑道的錢，明明你可能只拿個幾萬元，他們卻可以對外宣稱說給了上百萬元的金額當酬金，像這樣非法的事情，你

也不敢聲張，只好啞巴吃黃蓮，到最後只有一種結果，就是會被黑道任意地宰割。所以，這種錢不能拿，一拿，就犯了做商人的第一個大忌。」

步入中年的陳明德，仍舊懷抱著年少時期的浪漫幻想，做的是硬繃繃的專業經理人工作，卻愛在辦公室裡揮刀弄劍。現在在他辦公室裡，有兩把仿古劍，一把武士刀。兩把仿古劍，一把是仿明朝的古劍，一把是仿乾隆時期的古劍，「可能我上輩子是個拿劍的書生吧，所以才那麼愛劍。」以前在學校，他掌管所有武術社團，從那個時候開始練太極拳，現在握劍、耍劍也成了他練功的項目，「沒有練過功的人，兩隻手握住劍就得動到力氣，要想耍劍，不是練家子很難做到，恐怕劍還沒有刺向別人就先傷了自己。」他說。

陳明德特別鍾愛這把仿乾隆時期的古劍，據說這把仿古劍是外交部專門仿來送給駐外使節的寶劍，他在因緣際會下得到這把寶劍，說是劍卻又帶點刀的造型，他把玩著劍提高了音量說：「這把劍聽說是乾隆皇帝外出打獵時愛拿的劍，劍背鑲著 8 顆龍珠，騎在馬上揮著劍，發出咻咻咻的聲音，

好神氣，有種先聲奪人的傲氣。」看著劍，陳明德流露出愛慕的眼神，像是見到久違的情人。只要拿出來，他都會小心翼翼地打開劍鞘再把劍收好。

雖然愛劍，他卻不會玩物喪志、沉迷其中，他只買仿古劍，花在買劍的錢還在他可接受的範圍內，不像一些超級鑑賞家，一定要買到骨董劍才罷休，有時甚至耗資上百萬買一把歷代傳下來的古劍。這種「役於劍」的行為，他並不讚賞。對劍，他要求的是握感要好，從不講求劍柄的精細程度，劍要配合人，什麼樣的氣質就拿什麼樣的劍，一點都不能強求。務實的他，對任何事的要求都是如此，有時候買家具，他看得比太太還要仔細，他不會只看表面，一定會先從背面、底部看起。看一把劍是如此，看一個人也是一樣，從來就不是看外表，而是看內心。

■ 一個關於「誠」的故事

陳明德在民國 60 年進入光武工專機械科就讀，是學校第一屆的學生。民國 67 年畢業後，進入工廠做車床製造的工作。當時正在發展高速車床，他與組長在民國 68 年共同參加一個車床比賽，後來竟得到了「最佳高速車床造型獎」，那時他真是既高興又害羞，畢竟，對一個初出茅廬的年輕人而言，可以拿到這樣的獎，「實在是運氣。」他靦腆地說。

也就憑著這股運氣，讓陳明德投入工程師的工作，一做

就是 15 年。這段時期，他得到很多專業能力的訓練。以前，他總是憨憨地、默默地做著事，工作場合中，外國同事看到他，隨口問候他一句 “What are you doing?”，類似於台灣人掛在口中的「吃飽了沒有?」他竟認真地回答，從他正在做什麼開始，一路講到可能還會做些什麼來配合，害得對方站在原地聽很久也不敢離開。「天哪！現在回想起來，覺得當時的自己真蠢，人家只有打招呼的意思而已，沒有想到我那麼憨直，還講得那麼仔細，回答一串。不過，也可能因為一股傻勁，以前加薪時，我總是加得比別人多。」他推了推眼鏡大笑地說著。由於工程師的工作需要，常常要用到尺，有一把尺跟著他十幾年了，到現在已經當上總經理，用不到尺了，這把尺仍放在辦公室裡。感覺上，尺和劍的位階是同等的，拿著尺做事，就像是揮著劍斬去憂愁。

一個工程師怎麼會當上泰科國際集團台灣分公司的總經理?對於有這個疑問的人，陳明德總愛用「一個誠的故事」回答：民國 83 年的某一天，他接到一通來自泰科亞洲區總裁 Randy Chang 的電話，他邀陳明德當台灣區公司的總經理，還約了彼此見面的時間。兩個人談完之後，陳明德問他：「是不是還面談了其他人?」只聽見 Randy Chang 回答說：「沒有，我只面試你一個人，而且，就等你的回音。」陳明德當場嚇了一跳，心裡想著怎麼可能? 最後，他還是忍不住地問對方：「為什麼你要錄用我?」Randy Chang 告訴他：「其實，

有關你過去的資料，我都已經調查過了，不過，很多資訊都是聽別人說的，也不一定完全正確。現在，我和你談過了，我的感覺是，你很誠實，也很誠懇。」

因為一個「誠」，他從工程師轉戰為總經理，從一個只要做好自己的事就行的工程師，一下子變成產品、行銷、人事、財務、研發等什麼都要管的管理階層，兩種工作截然不同。等陳明德接下了總經理的位置後，這位亞洲區總裁在 3 個月之後才再到台灣來看他，「當時，我覺得很好奇，問他怎麼那麼遲才來看我?」結果他回答:「你剛接這個工作，勢必要來個大整頓，很多事情裡裡外外都要改變，我想，最好先不要干涉你做事比較好。」

這件事讓陳明德懂了授權的重要，一個公司的經營，不是從小事管到大事就是對的，應該讓員工有充分的發揮空間。為了讓員工能夠發揮實力，他相當注意公司的在職訓練課程，希望每一位員工都能被帶上來。而授權不是不管，他喜歡在柔中帶點兒霸氣，該關心時要關心，該責備時要責備，否則，員工會認為總經理好欺負。

「我常愛從小細節來看一個人。」陳明德的務實習慣不只表現在愛劍上，也用在識人及領導員工。有一次，公司的財務主管向他報告營運數字，報告看著看著，他發現到最後收入與支出有些出入，大約差了 3 元，「當時，我點了這位在美國 UCLA 拿到 MBA 的同仁一下」，這同仁卻反唇相譏

地對他說：「怎麼會為了這麼雞毛蒜皮的小事唸個沒完沒了？」陳明德見他不認錯，於是，再提醒他一次。陳明德說：「還好，今天只是 3 塊錢，沒有什麼大不了，反正只是個位數，但是，如果這點小錯你不記下來，以後換作是千位數、萬位數，或是更大的數目時，你要如何交代？只要你會犯下少 3 元的錯，那證明你離其他的錯誤亦不遠了。」結果這次事件，陳明德足足唸了這位同仁 30 分鐘之久。

■ 難忘嚴師教誨　實力是被踢出來的

選擇技職教育，對陳明德來說是誤打誤撞。國中時念的是放牛班，他並不清楚未來的志向，只知道自己從小就喜歡木工，滿腦子只想要畫畫，一聽到在機械科可以畫畫，便以機械科為第一志願全力衝刺，後來考上當時最新的學校——光武工專。進了學校才發現，學科中與畫畫有關的只有「機械製圖」，這種中規中矩地畫著水平線和垂直線的科目，和他想像中的畫畫相距甚遠。

當時，國中剛畢業的他，不清楚高中和五專的差異，就衝著考上了光武工專。當時，他和爸爸興奮了好久，有一天，爸爸決定騎著摩托車載他到學校參觀一下，遇到鄰居問起，兩個人不約而同驕傲地說：「要去參觀新學校。」父子倆一路從基隆出發，邊騎邊談心，終於騎到了關渡。向學校方向遠遠望去，他心裡開始焦躁不安，所見之處，只有長得比人還

高的蘆葦草，哪裡有學校呢！進到學校再看，「哇！學校教室還在蓋呢，四層樓高的鷹架都還沒有拆。」看完學校以後，父子兩人面面相覷，幾乎是癱在學校的一角休息，表情像是說：「應該再商討一下大計！」

五年住校的生活，對陳明德影響很大，像是做事情要有系統的觀念就是學校老師教給他的。機械科的學生都要上一門叫做「鉗工實習」的課，這門課很多同學上得很不專心，然而，帶他們這門課的老師卻以教學嚴格出了名。這位老師是一位小兒麻痺患者，一開始時，的確有些同學並不在乎，等上了一段時間後，老師規定在學習過程中不能戴手套，要以真實的觸感去感覺什麼叫做磨工，「如果有同學做得不好，老師往往會出其不意，以不好的那隻腳做支點，以好的腳來反踢你，我就是這樣被踢出來的。」陳明德笑著說。

這門課帶給他的還不只是鉗工而已，在課堂上，學生常有機會拆解機械機材，很多人會拆但是裝不回去，裝不回去的原因很多，除了不熟悉機械原理外，最常見的就是少了個螺絲帽或是一個小組件。因此，這位鉗工老師要求他們在拆解機械時，一切的器材依大小、順序把它們排列整齊，等到要組裝時，就連一個小小的螺絲釘都不會少。

陳明德說，這門課的訓練真是太重要了，到現在，他都非常感謝這位老師，因為有了他，才讓陳明德的邏輯思考能力建立起來。如今，舉凡資料的蒐集、分類，他都能一把罩，

還都是拜這位老師之賜。

另一個讓他這輩子受益無窮的，就是在學校裡奠定他英文讀、說、寫的能力。有一年，帶他們班的導師是英文老師，因此，老師對培養學生的英文能力相當重視。每天上午 7 點，他都得到老師的面前背誦昨天抄寫的 5 句英文會話，一旦背不出來，或是背的速度稍慢，老師就立刻伸出手來拉他的耳朵，從老師的辦公桌一路被拉到教室門口。「一開始會害臊，後來看到別人也被拉耳朵就不在意了。或許是因為被拉耳朵拉到臉皮變厚，才有膽向別人開口說英語。」

沒有喝過洋墨水的他，每年到美國參加公司舉行的年會，即使在 100 個老外的面前演講也不會害怕。「老外喜愛中國傳統文化，有一次演講時，我講三個和尚沒水喝的寓言故事給老外聽，引起相當大的迴響，一整個晚上大家爭相來問我，這是什麼道理？不是應該越多人挑水就有越多水可以喝嗎？」陳明德深知文化差異會造成彼此對同一件事情有不同的價值觀。因此，身在外商公司，他總是努力了解異國文化，以免在溝通上造成雞同鴨講的窘境。

■ 人能堅忍橫逆處　學到深湛意氣平

陳明德常對太太說：「隨時要有捲鋪蓋走路的準備，因為，我隨時可能會接到美國總公司來的指令說，你不用再做了，趕快打包吧，明天起將由別人來接替你的工作。」他太

太總是回說:「你怎麼老愛給我洗三溫暖。」的確,陳明德就是這麼一個危機意識重的人,他天天做好離職的準備,但也因為這樣的心情,更能積極地做好每一件事情,這個道理是他在打太極拳時想通的。他覺得其實消極的力量很好,可以將無所為的消極轉化成為積極,由於隨時會走,因此,隨時要把事情做好。

他的辦公室裡掛著一副以竹子做成的對聯,上面寫著:「人能堅忍橫逆處,學到深湛意氣平」。走進辦公室第一眼看到的就是這副對子,他時時提醒自己,不能意氣用事,要多多精進自己的智慧。以前他的個性總不能忍,是那種會路見不平,拔刀相助的人,隨著年紀的增加,也磨掉了不少稜角,如今,他就像是收在劍鞘裡的劍,不會隨便亮出鋒芒。

面對未來更多的挑戰,陳明德有感而發地說:「當了外商公司總經理快邁入第 8 年,一般外商公司總經理任期只有 3 到 4 年之久,很多人告訴我,這樣的例子在外商公司不多,可見我已是稀有動物。其實,就像我掛在辦公室的『誠』字一樣,很多事不需要多言語,因為誠乃積福之基呀!」

殯葬改革急先鋒 李萬得

——讓生命回歸自然

吳　京：你覺得自己在技職體系中學習，技職教育到底幫助你多少？讓你再選一次，你還是會讀技職體系嗎？

李萬得：從小我家裡務農，爸爸希望我長大以後能種田，媽媽希望我可以往外發展，於是初中畢業後就北上求學。在五專學習的點點滴滴對我的幫助很大，學校社團的洗禮也給了我與人溝通的勇氣，因此，如果再讓我選一次，我還是會選技職學校，因為可提早接觸到專業知識，出社會找工作時會碰到的事情，早在學校裡就有探討。

吳　京：一般人有一種印象，那就是普通大學的學生不太能照料好自己，技職體系的學生好像比較了解自己的方向，是這樣子的嗎？

李萬得：我現在還在學校的柔道社團指導學生，以我的觀察，技職體系的孩子比較活潑，不像讀普通高中的學生每天都在應付升學的壓力。不過，雖然技職體系的學生剛開始時壓力可能不會太大，但是，一旦方向確定後就會拚命往前衝。

關係行銷營業員、國家級柔道教練、殯葬改革業者，這些行業彼此沒有關連，李萬得竟然能一個人就將這三種身分集於一身；他不是專業演員，可是卻能像百變超人一樣地扮演各種角色，實在令人驚訝。

想賺錢時，他靠關係行銷，以其細密的組織網吸引顧客

登門拜訪；施展抱負時，他是個柔道教練，苦口婆心地指導學生，教他們如何爆發實力、擊敗對手。除此以外，他還從事社會改革工作，受夠了五子哭墓、在往生者面前大跳脫衣舞的鬧劇，他決意投入人人避之唯恐不及的行業——殯葬業。

從天天被摔，到上台摔人

身高近 170 公分的李萬得，體型不算高大，小小的一張臉，常常緊閉著嘴，給人家的感覺是「內斂、話少」。的確，他是該給人這種嚴肅的感覺，因為從民國 59 年考上德明商專（德明技術學院的前身）財稅科後，他天天為了不太能與別人溝通而痛苦著，一個剛從雲林鄉下來到台北的孩子，如何能懂得這些都市生活的把戲呢？離開了父母，離開了處處可聞稻麥香的故鄉，他乾脆將懷念家鄉的心情、無處發洩的精力，全部投向學校的柔道社。在社團裡，他逐漸磨練出勇氣，找回了信心，也確立了自己想要追求的人生方向。

李萬得回憶說：「我剛來台北時，可能是個性的關係，也或許是膽小，話真的很少，尤其是看到班上的女同學，更是緊張，嘴巴好像被千斤重的鎖鏈釘住一樣，一個學期沒和

幾個女同學講過話。看到她們時，常常是頭低低地看著地上，以最快的速度溜走。」當時，年輕的李萬得並不知道，在他未來的歲月中，會靠著一張嘴成為一位賺錢高手。他之所以有這樣的能耐，全都要拜柔道社之賜。

參加學校的柔道社後，高大的學長天天不費吹灰之力，就將李萬得摔個四腳朝天，也就在這個時候，李萬得開始想挑戰自己耐力的極限。他說：「一個人可以忍受自己被摔多久？一旦你不甘示弱，想改變現狀，就會慢慢掙脫被摔的悲慘日子。」這句話一點也沒錯。新學期開始的時候，柔道社人氣很旺，參加的新生有上百人；到學期末時，學員們躲的躲，逃的逃，只剩下小貓兩三隻，李萬得沒有逃掉，他是留下來的少數學員之一。很多同學都很訝異，這麼瘦小的身材，如何能學柔道？柔道選手們每個看起來都是大塊頭，像李萬得這樣一個「小粒籽」，怎麼和別人對摔呢？同學們不免對他投以好奇的眼光。

沒想到李萬得越摔越帶勁，到了專科三年級時，還當上了柔道社社長，一位瘦小的男生當上柔道社社長，當時真是轟動全校。民國 60 年時，他代表學校參加台北市運動會的柔道比賽。柔道比賽有分量級，教練為了磨練他，就替他報「無限量級」的比賽。所謂「無限量級」，是不分環肥燕瘦，所有的選手都可以參加，瘦的也會對到胖的。所以說這種比賽不僅比體力、比技巧，更是比智慧。沒想到李萬得竟跌破

大家的眼鏡，一路打到亞軍和季軍的爭奪戰。

50 多公斤的他，在最後一場比賽碰到了 130 公斤的對手，很多人不禁為他捏把冷汗，期盼他不要受傷才好，他卻出奇的冷靜，一直想著應戰的技巧。突然間，腦中閃出一道靈光：「我不能輸，對方這麼壯碩，我不能採取攻勢，更不能讓他有機會摔我，只要儘量拉長賽程，不要被摔出界線外，這樣至少就有贏的機會。」於是，那場比賽他採取守勢，辛苦拖延賽程長達 4 分鐘（這是未上段者比賽的最長時間），雖然最後，他還是被「巨無霸」連摔帶丟地摔出場外，不過，他得到了第三名，是全隊最好的成績。

教練原本不期待李萬得會贏，但是，李萬得卻出人意料地獲得好成績。對他來說，那次比賽是他人生中一次重要的轉捩點，他終於克服了長久以來沒有自信的毛病。他說：「一個人致勝的關鍵是擁有兩樣寶物，一是自己的體力，二是找出贏的對策。」從得獎的那一天起，李萬得知道，自己已經脫胎換骨了。

身材不高的他，看不出是柔道四段的高手，同時還擁有國家級教練資格，他咧開嘴謙虛地笑說：「大概是小時候扛太多稻子，才比別人更容易適應柔道辛苦的訓練過程。」「從被摔當中學會如何抵擋，我最大的收穫就是學到了忍耐。」他深知保持體力的重要，一直到現在，他每天早上起床後，都會先原地慢跑 5 分鐘、做 30 個伏地挺身、50 個仰臥起坐、

外加 50 個彎下站起的動作。李萬得現在固定回德明技術學院擔任柔道社指導老師，每次都親自下場和學生對摔，而不像有些教練一樣，只坐在場外蹺著二郎腿對學生咆哮。

■ 一場車禍意外，讓他投入殯葬改革工作

學校的教育讓李萬得對數字很有概念，由數字還能發展出財務管理、人事組織的能力，加上在學校的柔道社裡，他學會掌握人際關係的訣竅，對他未來的發展更是如虎添翼。在柔道社裡他認識了許多國內知名企業（如莊頭北、和成牌、林家花園）的後代，和他們成了柔道社前後期的同學，李萬得看到他們富有的一面，心中非常羨慕。於是，他下定決心畢業後要從商，要當一位成功的商人。

沒有人一開始就能當老闆，李萬得也是如此，他先從做進出口貿易公司的小弟做起，學習如何報價、估價，到最後自己成為進出口的貿易商。做了幾年之後，似乎都不能真正滿足他，直到民國 77 年他遇見了新興的行業——傳銷。他發現，傳銷這樣的行銷方式很符合台灣人想當老闆的心態，此外，這樣的通路有別於大賣場、零售商，是憑藉著人際關係來拓展業務，由於他過去有掌管柔道社社團的經驗，讓他對這種工作模式非常得心應手。於是，他決定投入美商健康食品的傳銷，才專心工作半年，業績就一飛沖天，美國總公司還按規定送給他一部賓士車。

民國 87 年某一天的深夜，他在南部談完生意北上回家時，在高速公路上，不幸因後方的卡車司機打瞌睡，在剎車不及的情形下追撞了李萬得的賓士車，車子當場被撞得稀爛。事發後，他完全不知道車禍如何發生，一睜開眼，人已經躺在省立新竹醫院了。這場車禍讓李萬得足足在病床上休養了一個月之久，他說：「每天躺在病床上，腦中只有一個念頭盤據著，那就是人生無常。」

在朋友的介紹下，他誤打誤撞加入專辦殯葬事宜的龍巖集團，身體復原了以後，他以自己走過鬼門關的經驗，開始向別人推銷「生前契約」。一個人若能在生前就做好死後的準備，一旦遭逢變故，靠著這紙生前契約，就能辦出簡單隆重又莊嚴的喪事，一切的服務都由專人負責。他說：「人生有生就有死，一個人不可能不去碰觸死亡的問題，尤其在我自己發生了這麼嚴重的車禍之後，更覺得應該正視死亡的問

題。」於是，他常把「人生無常，必須有準備，不要把麻煩留給親人」這句話掛在嘴邊，希望大家能夠接受生前契約的觀念。

以前，李萬得做健康食品的傳銷，只是為了多賺點錢，如今，他加入龍巖集團，還希望能為殯葬改革多做些努力，「錢還是要賺，不過，車禍以後的人生觀改變了，最好能一邊養活自己，一邊還能從事社會改革工作。」他笑著說。

雖然對賺錢不再像過去那樣念茲在茲，李萬得畢竟受到學校的影響太深，對數字很有概念，他分析說：「台灣一年死 12 萬人，殯葬業有 500 到 800 億元的市場，再加上高齡化社會的來臨，未來的 10 年內，台灣的死亡人口會增加到一年 20 萬人，殯葬業預計將有 1500 億元的市場。」

目前台灣殯葬習俗中流行的「五子哭墓」、「孝女白瓊」，或是在喪禮舉行時大跳脫衣舞等種種陋習，真會讓外國人瞠目結舌。他認為，年輕人應該多多加入這項社會改革運動，很多人被他的一股熱誠感動，投入龍巖一年的他，下線已經多達 3、4 千人。這些人名、住址、電話等人事資料密密麻麻地記在紙張上，捧在手中非常沉重，李萬得卻是笑逐顏開，因為，這些人都成了替他賺錢的小尖兵。這些小尖兵發揮的力量驚人，不僅讓李萬得的業績總是保持著前幾名，也替悲傷的家庭解決不少繁瑣的問題。這樣傲人的成績，讓李萬得感到非常欣慰，「我家不開葬儀社，可是我卻可以幫人辦喪

事」這句話，幾乎已成了他的口頭禪。

■ 賺錢也需要練習！

李萬得生平第一次參加柔道比賽，不到 30 秒就被對手摔出場外，經由不斷地練習，他知道如何延長賽程以爭取勝利，也找到了化險為夷的方法。他覺得，每件事都要經過練習才能成功，賺錢也不例外。

怎麼說呢？由於目前龍巖集團推出的「生前契約」是直銷商品，必須靠每個人一步一腳印去推銷，為了讓想加入「生前契約」行列的學員能清楚公司的規章和產品特色，李萬得常常要舉行產品說明會，幫別人上課。如何說重點，如何化複雜為淺顯，李萬得有他的一套。

他的辦公室就開在家裡，家中常常會不定期聚集民眾聽課，從年輕小伙子到歐巴桑，各種年齡層的人都有。為了能準確地切入重點，李萬得常抓著老婆聽他演說，只要有時間，李太太就是他第一個客戶，從產品特色、公司制度等有系統地談起。他說：「我一定要說到老婆聽懂我在說什麼為止，因為，如果連她都聽不懂，其他人一定和她一樣，不知道我到底在表達什麼。」所以，同一套內容，李萬得通常要說個 10 次以上才甘休，也才能安心對外說明。這也是為什麼他強調「賺錢也要從練習開始」的原因。

李萬得從向太太說明產品的過程中，還能了解到自己哪裡講得不清楚，可能會讓來了解產品的人誤解，因此，他總是事先做好演練，把聽眾可能會問到的問題記起來，再做沙盤推演，有時候可以自己找解答，有時候得再回溯到公司內部尋找答案，等到正式上場時，才不會有手忙腳亂的情形產生。他說：「如果別人問的問題令你傻眼，表示你還沒有準備好，如何能說服別人來用你的產品呢？下的功夫不夠深，人家就會對你所說的話存疑，覺得你做事情不專業，他們便不會再相信你了。」

現在，他已經是龍巖集團的營業處處長，表示他的人脈和業績已經到達一定的水準上，他靠的不只是舌粲蓮花，最重要的，還是要有一顆真誠的心。「有時候講到公司制度，一些人對直銷業不熟悉，光是說明直銷和傳銷有什麼差異，就費了好多時間。」雖然如此，他依舊可以不厭其煩地對來訪的民眾解說著，即使已經講了很多次，也不會厭煩，很多人就是被他的誠意打動了，而爭著要當他的下線。

他時常覺得，做生意最失敗的就是誠意不夠，一個常說大話的人很難真正成功。在他旗下的一些營業員，為了賺更多錢，於是在推銷產品的時候，自己附加了很多額外的服務

給顧客，結果，等到要一手交錢、一手交貨時卻東窗事發，賠了夫人又折兵，這樣的例子很多，到最後總是他在替員工「擦屁股」，而這樣的人，在生意的往來上，也少有成功的例子。

■從工作中了悟生死　願人生無牽無掛

投入殯葬改革已有一段時間，參加過的告別式超過百場以上。對很多人而言，談死亡還是一件忌諱的事，李萬得卻已經從大大小小的告別式中了解到人生的真義。準備鮮花、素果、布幃，指導祭拜儀式，是他日常工作的項目之一，天天走殯儀館，也不是什麼嚇人的事情。現在的他做起事來依舊是生龍活虎，他說：「看多了生與死，現在只希望再拚一拚，為自己和太太的下半輩子而努力，不要讓孩子有負擔。」在他的心中，最怕的似乎就是讓孩子有負擔。

對於殯葬界的惡習，他早已看透，很多不肖業者為了搶「現貨」(指屍體)，總是在意外事故現場等著蓋白布，一旦蓋上了白布，即使死者家屬不給這家殯葬業者辦後事，蓋了白布的殯葬業者仍舊會習慣性地向死者家屬索取 6 千到 2 萬元不等的金錢作為補償，對這樣的事，他深惡痛絕，但也無能為力。大丈夫能屈能伸，他深知「忍」的要義，所以，既不與黑道搶生意，也不甘於淪為白道的俎上肉，還是堅持死亡要先預約的觀念，一步一腳印地推廣「生前契約」。

龍巖集團位於台北縣三芝鄉，有一個占地 60 甲的景觀墓園。風中的墓園，看起來有幾許蕭瑟，一般人敬而遠之，他卻流連忘返。他常帶著顧客在墓園四處參觀，經過他的解說，很多人對生死漸能看淡。墓園中常可看到一炷清香、幾盤素果，看到人們懷著虔敬的心到墓園裡慎終追遠，是他心底最大的安慰。未來，他也將會與太太長眠於三芝，人生的變化，他都已經事先做好準備，既是來得自然，就要走得了無牽掛。

後　記

資深文字工作者
紀麗君

人生真是一段又一段的高潮起伏，與教育部吳京前部長結緣，真是一段往事了。

當年結識吳京部長，他正任職教育部，我則主跑教育部新聞，跟著吳京部長的腳步歷經了台灣教改的風起雲湧。

長久以來，教育資源只顧著分配給綜合大學，吳京部長站在台灣教育的三叉路口，卻新開了一條道路給技職體系，為長期「三餐不濟」的技職體系學生帶來了一股希望及未來。他一直希望能開闢出「三條國道」來：一條是高中生升上的一般大學，一條是高職學生升上的科技大學，另一條則是社會人士可以在職進修的社會大學。也因為吳部長一直覺得國家給技職體系學生的教育資源太少，因此，才興起為台灣優秀技職人寫故事的念頭。

故事中的優秀技職人，正代表著民國 50、60 年代的技職教育，當時台灣物資環境特別缺乏，在採訪這些技職人的同時，就好像走進了過去的艱苦歲月，特別的是，故事裡的每一位主人翁，幾乎都是家境普通，有些人甚至在單親家庭

中長大，他們卻沒有因此失志，仍舊力爭上游，展現出天助自助的決心。

回想起多年前的採訪過程，我與攝影師尤能傑先生上山下海，每次的採訪之後，總是有深深的感動。看前輩們如何一步一腳印地踏出自己的路，他們雖然時時碰到困難，卻依舊堅持向前邁進，最後走出自己的一片天。這樣的精神在現今功利掛帥的社會中，實在足以做為台灣新價值觀的引導者。

也許過去社會上對技職體系學生一向較忽視，但是，從故事中的主人翁身上，我倒是學到一件最珍貴的禮物——人生處處有風景，不要怕失敗，也不要怕舞台會消失，時時培養自己的實力才能有真功夫。

做為一位撰寫者，我最大的痛苦在於聽了太多動人的故事，卻不知該從何處下筆，正因為篇幅的長度，我總要在某些動人的人生故事上做刪減。期待這本書能夠為讀者帶來一點對人生價值的新思考，也感謝在台灣每一個角落的技職人對社會的努力及奉獻。

好書推薦

人文叢書

◎文學類 *1*

月落人天涯　　何秀煌 著

哲人已遠，典型猶在。作者藉由本書的一字一句，刻劃前崇基書院沈宣仁院長的行事風格，細數他的理想堅持，闡揚他的教育願景，充分流露對沈院長無限的崇敬與追思。

人文叢書

◎文學類 *2*

行與言　　桂　裕 著

本書名之曰《行與言》：「行」，指的是作者訪察歐美諸國的見聞隨筆，於行程中參訪各地的司法、教育機構及風景名勝，與當地專家學者多所交流，並將心得感想及收穫形諸文字，對於了解當時的社會概況與今日的法律源流，都有重要價值。「言」是作者論文及講稿的選粹，文中不僅對中國傳統思想與孔子學說作深入的評析，並賦予時代意義，也對言論自由與民主的關係作了闡釋。全書精闢透徹、含意深遠，耐人咀嚼。

人文叢書

◎文學類 *3*

我與文學　　張秀亞 著

「美文大師」張秀亞女士以美善的心靈、細膩的情思、優美的文字寫成這本《我與文學》。它將開啟你的心靈，讓你以新的眼光來看待身邊的一切，進而體會英國詩人華茨華斯所說：「即使是一朵最平凡的小花，也會使人感動得下淚。」

人文叢書

◎文學類 *5*

弘一大師傳　　陳慧劍 著

中國近代藝術史上的奇才，佛教史上的高僧——弘一大師。他的前半生多彩多姿，不僅開創中國近代戲劇的先河，也為音樂教育寫下了輝煌的一章。出家後，斷然放下世俗牽絆，作苦行僧、行菩薩道，以身教示人，再為佛門立下千峰一月的典範。本書成稿迄今已歷三十五年，其間因種種因素，使得某些相關資料湮沒不聞。因此，本書再作第三度修訂，補入以往的遺闕，以呈現弘一大師完整的生命歷程。有緣人如能一讀此書，必將為你的生命注入無限的清涼與感嘆！

人文叢書

◎文學類 *6*

愛晚亭　　謝冰瑩 著

她是個擁有鋼鐵般個性的女兵，同時也是個喜歡收藏回憶的作家。看她娓娓訴說生活中的點點滴滴，有悲、有喜、有眼淚、有笑容，蘊含著對家國、親人、甚至於自然萬物的熱切情感。她的筆觸活躍而跳動，樸實卻不單調，讀來令人感同身受。無論時空如何變遷，至情至性的《愛晚亭》，仍然值得我們一再玩味。